Stephan Sigg

45

Vertretungsstunden
Religion

für die Klassen 5–10

Der Autor
Stephan Sigg studierte Theologie in Chur (Schweiz). Seither ist er als Autor, Journalist und Religionslehrer tätig. Er veröffentlichte zahlreiche Bücher für Kinder, Jugendliche sowie Erwachsene.

Projektleitung: Franziska Wittwer, Berlin
Redaktion: Anja Sieber, Berlin
Illustrationen: Steffen Jähde, Sundhagen
Umschlagkonzept: Julia Walch, Bad Soden
Umschlaggestaltung: LemmeDESIGN, Berlin
Layout/technische Umsetzung: fotosatz griesheim GmbH

www.cornelsen.de

1. Auflage 2014

© 2014 Cornelsen Schulverlage GmbH, Berlin

Druck: CPI – Clausen & Bosse, Leck

ISBN 978-3-589-16222-2

 Inhalt gedruckt auf säurefreiem Papier aus nachhaltiger Forstwirtschaft.

Inhalt

Klasse 9/10

Vorwort – Hinweise für den Nutzer

„Können Sie mal die Religionsstunde der Klasse 8b übernehmen?" Häufig müssen Lehrkräfte ganz spontan für die Klassen erkrankter oder abwesender Kollegen einspringen. Das ist eine zusätzliche Belastung: Wie soll man in der kurzen Zeit eine inhaltlich abwechslungsreiche und sinnvoll gefüllte Lektion zusammenstellen? Bei dieser Herausforderung wollen Ihnen die *45 Vertretungsstunden Religion* helfen.

Das Buch enthält jeweils 15 Stundenkonzepte für die Jahrgangsstufen 5 / 6, 7 / 8 und 9 / 10. Mit kleinen Änderungen lassen sich aber zahlreiche Stundenkonzepte auch für jüngere oder ältere Jahrgangsstufen umsetzen. Es gibt Stunden, in denen schriftliche Aktivitäten und Einzelarbeiten im Vordergrund stehen, bei anderen werden die Aktivitäten Sprechen und Zuhören betont. Manche Stundenentwürfe dienen der Wiederholung, andere aktivieren die Kreativität der Schüler. Die Themen orientieren sich an den Lehrplänen, es werden aber auch Themen und Aspekte aufgegriffen, die im regulären Unterricht oft zu kurz kommen. Alle Stunden sind so konzipiert, dass sie ohne Rücksprache mit dem zu vertretenden Kollegen gehalten werden können.

Sie finden in der vorliegenden Sammlung Stunden ohne Kopiervorlage, die außer der Durchsicht des Konzepts keine weitere Vorbereitung oder zusätzliches Material erfordern. Die meisten der anderen Stunden sind mit geringem Vorlauf (Vervielfältigen der Kopiervorlagen) durchführbar. Einige wenige erfordern etwas mehr Vorbereitung, da zum Beispiel ein Film gesucht werden muss. Der „Überblick: Kompetenzbereiche (S. 7) zeigt Ihnen, mit welchem Vorbereitungsaufwand bei der jeweiligen Stunde zu rechnen ist.

In der kurzen Vorinformation zu den einzelnen Stundenkonzepten erfahren Sie neben dem Titel und den Jahrgangsstufen, welche Unterrichtsziele primär verfolgt werden, welche Sozialformen zum Einsatz kommen und welche Kompetenzbereiche in der Stunde erfordert werden. Sie erhalten auch detailliert Auskunft darüber, welche Vorbereitung Sie leisten müssen und welche Materialien (Papier, Wandtafel usw.) benötigt werden. So können Sie schon auf einen Blick entscheiden, ob eine Stunde für Ihre Zwecke geeignet ist oder nicht.

Die Stunden sind jeweils nach dem folgenden Schema aufgebaut:
- Hinführung: Der erste Arbeitsschritt leitet ins Thema ein und lenkt den Fokus auf den Gegenstand der Stunde. Dadurch kann eine trockene Ankündigung des Stundenthemas vermieden werden.
- Hauptphase: In mehreren Arbeitsschritten beschäftigen sich die Schüler mit den Inhalten.
- Ergebnissicherung / Präsentation: Die Ergebnisse der Hauptphase werden besprochen oder vorgestellt.
- Mögliche Anschlussaktivitäten: Diese Vorschläge können Sie nutzen, wenn Sie eine der vorhergehenden Arbeitsschritte weglassen möchten oder wenn die Schüler die

Aufgaben der Hauptphase schneller als erwartet erledigt haben. Einige dieser Ideen eignen sich als Auftrag für eine Hausaufgabe.

- Alternativen: Die Abwandlungen sind ein Angebot, wie Sie die Stundenkonzepte Ihren konkreten Bedürfnissen und Gegebenheiten anpassen können (z. B. eine besonders große Klasse, Zeitrahmen geringer als 45 Minuten).
- Kopiervorlagen
- Lösungen und Lösungsvorschläge: Zum Teil finden Sie anschließend an die Kopiervorlage die Lösungsvorschläge. Weniger umfangreiche Lösungen finden sich auch in den Stundenkonzepten integriert.

Arbeitsaufträge, von der Lehrkraft zu stellende Fragen und mögliche Tafelanschriften sind durchgehend kursiv gesetzt. Die Kastenelemente innerhalb der Stundenkonzepte dienen verschiedenen Zwecken. So enthalten die grau unterlegten Kästen Hinweise und Tipps, die für die Gestaltung der Stunde wichtig sein könnten:

- Worauf ist zu achten?
- Wie kann man Probleme vermeiden?
- Welche Zusatzinformationen sind für die Schüler hilfreich?
- Worauf sollte man die Schüler hinweisen?

Ich hoffe, dass Ihnen diese vorliegenden Stunden helfen, den Arbeitsaufwand für Vertretungsstunden auf ein Minimum zu reduzieren. Einige der Stunden sind auch zum Einsatz im regulären Unterricht geeignet – zur Wiederholung oder als Ergänzung zu einer Unterrichtseinheit.

Ich wünsche Ihnen viel Erfolg!

Stephan Sigg

Notiz Aus Gründen der besseren Lesbarkeit wird in diesem Buch durchgehend die männliche grammatische Form verwendet. Selbstverständlich sind damit immer auch Frauen und Mädchen gemeint, also Lehrerinnen und Schülerinnen usw.

Webcode: Sie können die speziell mit einem Webcode versehenen Kopiervorlagen aus dem Internet als PDF-Datei herunterladen. Sie finden dazu eine Zahlenkombination jeweils unten auf der Buchseite. Geben Sie diese unter www.cornelsen.de / webcodes ein. Achten Sie bitte darauf, dass beim Ausdrucken bei der Seitenanpassung „In Druckbereich einpassen" aktiviert ist, damit Sie eine DIN-A4-Seite bekommen.

Überblick: Kompetenzbereiche

Klasse 5/6				
Stunde	**Kopier-vorlage(n)**	**Kompetenz-bereich**	**Aktivität**	**Sozialform**
Wunder suchen	✓	Lesen	Buchstabensalat entschlüsseln	EA / PA
Kirchenfeste-Montagsmaler	–	Zeichnen / Raten	Kirchenfeste zeichnen	gesamte Klasse
Biblische-Personen-Kreuzworträtsel	✓	Präsentieren	Kreuzworträtsel ausfüllen	EA und gesamte Klasse
Erzählen zu Bildern: Trost spenden	✓	Interpretieren / Präsentieren	Bildinterpretation / Regeln formulieren	EA und gesamte Klasse
Mein Supersonntag	–	Zeichnen	Bilder zum fünften Gebot zeichnen	EA
Statements zu Jesus	✓	Kommentieren / Argumentieren	Statements kommentieren	EA und gesamte Klasse
E-Mail von meinem Schutzengel	–	Imagination / Kommentieren / Argumentieren	Phantasiereise / Brief schreiben	EA und PA
Immer viel loben	✓	Rückmeldungen geben / Andere positiv beurteilen	Andere schriftlich loben	EA und gesamte Klasse
Gebete für jedes Gefühl	–	Schreiben	Eigene Gebete schriftlich verfassen	PA und gesamte Klasse
Zur Schöpfung Sorge tragen	–	Brainstorming in der Gruppe / Präsentieren	Konkrete Ideen finden und formulieren	GA
Mein großes Vorbild	–	Schreiben / Präsentieren	Steckbrief gestalten	EA / PA und gesamte Klasse
Mein bester Freund	✓	Schreiben	Arbeitsblatt ausfüllen	EA und gesamte Klasse
Die Goldene Regel an unserer Schule	✓	Schreiben und Beispiele finden	Konkrete Beispiele für eigenen Alltag finden	EA und PA
Bibel-Detektive	✓	Kommentieren / Argumentieren	Buchstabenfeld entschlüsseln	EA und gesamte Klasse
Das größte Geschenk	✓	Kreatives Denken	Zu zweit Beispiele überlegen	PA

EA = Einzelarbeit   GA = Gruppenarbeit   PA = Partnerarbeit

Klasse 7 / 8				
Stunde	Kopier-vorlage(n)	Kompetenz-bereich	Aktivität	Sozialform
Das Geheimnis der Symbole	✓	Zeichen / Lesen	Symbole deuten und zeichnen	EA / PA und gesamte Klasse
Gottes Stell-vertretung	–	Präsentieren	Referat erarbeiten und präsentieren	EA und gesamte Klasse
Gebete-Schreib-werkstatt	–	(Kreatives) Schreiben	Gemeinsam Gebete verfassen	EA / PA und gesamte Klasse
Psalmen-Update	✓	Textinterpretation / Schreiben	Psalmen interpretie-ren und aktualisieren	EA und gesamte Klasse
Herkunft der Sprichwörter	✓	Schreiben / Inter-pretieren / Präsentieren	Quiz / Sprichwörter entschlüsseln	EA / PA und gesamte Klasse
Das Bild von meinem Paradies	–	Zeichnen	Bibeltext illustrieren	EA und gesamte Klasse
Biblische Geschich-ten fortsetzen	✓	Schreiben	Fortsetzung verfassen	EA
Die Sonntags-kampagne	–	Texten, Zeichnen, Kreatives Denken	Plakate entwerfen und gestalten	PA
Religionen-Tabu	–	Erklären / Raten	Begriffe erraten	gesamte Klasse
Interviews mit biblischen Personen	✓	Interview führen / sich interviewen lassen	Interviewfragen auf-schreiben, Interviews halten	PA
Das konfliktfreie Streitgespräch	–	Brainstorming / Lesen	Kommunikationsre-geln definieren / Empfehlungen beurteilen	GA / EA
Die spirituelle SMS	–	Kreatives Denken / Schreiben	Selbstreflexion / Kurznachrichten verfassen	EA
ABC der Nächs-tenliebe	✓	Textinterpretation / Schreiben	Bibelsatz interpretie-ren / ABC erstellen	EA / PA und gesamte Klasse
Gewissenskonflikte	–	Argumentieren	Pro- und Kontra-Ar-gumente überlegen / Dilemma-Situatio-nen bewältigen	PA und gesamte Klasse
Mein Traumberuf: Pfarrer	✓	Selbstreflexion, Fremdeinschät-zung von anderen	Berufsbild kennen-lernen / eigene Talen-te und Begabungen reflektieren	EA / PA und gesamte Klasse

EA = Einzelarbeit   GA = Gruppenarbeit   PA = Partnerarbeit

Klasse 9/10				
Stunde	**Kopiervorlage(n)**	**Kompetenzbereich**	**Aktivität**	**Sozialform**
Die tanzenden Derwische		Text lesen und interpretieren	AB lesen / religiöse Rituale deuten	EA / PA und gesamte Klasse
Mein Lebensrückblick	–	Kreatives Schreiben	Fiktiven Lebensrückblick verfassen / Reflexion über Lebensgestaltung und -planung	EA
Predigt: Mein Appell an alle	–	Schreiben / Präsentieren	Predigt verfassen und vortragen	EA
Todesstrafe: Ja? Nein?	–	Schreiben / Argumentieren / Präsentieren	Schreiben / Präsentieren	EA
Eine Kirchenzeitung entwickeln	✓	Recherchieren / Schreiben	Journalistische Auseinandersetzung mit religiösen Themen	EA und gesamte Klasse
Berühmte Gemälde interpretieren	✓	Bildinterpretation	Ein Gemälde interpretieren	GA
Zehn Gebote des Internets	✓	Textinterpretation	Einen biblischen Text auf den Alltag anwenden	PA
Kirchengeschichte-Rallye	✓	Lesen	Wissen repetieren und erweitern	EA
Bilder zur Bergpredigt	–	Zeichnen	Kreative Arbeit mit einem biblischen Text	EA
Gleichnis-Remake	–	Schreiben (oder: Spielen)	Aktualisierung eines biblischen Textes	EA und gesamte Klasse
Die Zukunft der Klöster	–	Kreatives Denken	Lesen, Ideen entwickeln	EA und gesamte Klasse
Regeln der Zivilcourage	✓	Ideen finden / Brainstorming in der Gruppe	„Do's" und „Dont's"-Liste erstellen	GA
Kraftort Kirche	✓	Argumentieren / Präsentieren	Diskussion, Plakat erstellen, Ergebnisse präsentieren	GA und gesamte Klasse
Die sieben Todsünden	–	Lesen / Recherchieren	Im Internet recherchieren	EA
City-Guide Jerusalem	–	Lesen / Recherchieren	Informationen aus einem Text auswerten und kreativ verarbeiten	EA

EA = Einzelarbeit   GA = Gruppenarbeit   PA = Partnerarbeit

1 Wunder suchen

Ziel / Leitidee	Schüler repetieren auf spielerische Weise die Wunder, die Jesus vollbracht hat
Klassenstufe	5 / 6
Vorbereitung / Material	Arbeitsblatt in Klassenstärke
Sozialform	Einzel- und Partnerarbeit
Kompetenzbereich	Lesen

Hinführung
- Die Schüler werden mit **drei Beispielen** konfrontiert:

Beispiele

> *Zehn Meter stürzte die junge Frau in die Tiefe – und blieb unverletzt.*
>
> *Tim hatte bis jetzt jede Matheprüfung in den Sand gesetzt. Aber dieses Mal hatte er nur eine einzige Aufgabe nicht lösen können.*
>
> *Ihre Stimme ist so unglaublich schön. Musik-Experten sagen, dass sie die Stimme eines Engels habe …*

- Die Schüler **kommentieren**:

> *Was beschreiben die drei Beispiele?*
> *Worum geht es?*
> *Was sind die Gemeinsamkeiten?*

Alternative
- Die Schüler überlegen sich zu zweit weitere Beispiele für „Wunder-Ereignisse" aus unserem Alltag und verfassen anschließend eine kurze Wunder-Definition. Diese schreiben sie in die dafür vorgesehenen Felder im Arbeitsblatt „Ein Wunder ist …".

Hauptphase
- Jesus hat Wunder vollbracht. Über einige davon wird im Neuen Testament berichtet. Die Schüler erhalten das Arbeitsblatt mit dem **Buchstabensalat** und suchen darin die acht Wunder.

Ergebnissicherung

- Die Schüler kontrollieren im Partnergespräch, ob sie alle und die richtigen Lösungen gefunden haben.

Mögliche Anschlussaktivitäten

- Die Schüler versuchen in einem Partnergespräch mit folgenden Fragen die verschiedenen Wundererzählungen zu **rekonstruieren.**

Beispielfragen

An welches Wunder können sie sich erinnern?
Welche Personen kamen vor?
Wie haben die Beteiligten auf das Wunder reagiert?
Was ist die Botschaft des Wunders?
Wie ist das Wunder abgelaufen?

Tipp Nach dem Partnergespräch werden im Klassenverband die „Rekonstruktionen" ausgewertet. Halten Sie eine Bibel griffbereit, damit Sie die Lösungen der Schüler verifizieren können, oder lesen Sie die Wundererzählungen im Internet nach.

- Zum Abschluss können Sie die Schüler mit dem Lied *Wunder gescheh'n* von Nena konfrontieren (auf YouTube zu finden). Alle hören sich das Lied an, anschließend Diskussion im Klassenverband:

Was ist die Botschaft des Liedes?
Worauf macht Nena aufmerksam?
Gibt es Gemeinsamkeiten zwischen diesem Lied und den Wundern von Jesus?
(u. a. auch die Botschaft der Wunderberichte in der Bibel: Hoffnung geben! Selbst Unmögliches kann geschehen! Es lässt sich nicht alles erklären bzw. allein mit dem Kopf/ Verstand begreifen).

- Sie können den Songtext kopieren (zu finden z. B. unter www.songtexte.com) und an die Schüler verteilen. Alle singen nun gemeinsam das Lied.

Buchstabensalat – Die Wunder Jesu

H	J	K	E	R	M	O	S	U	D	E	R	B	L	I	N	D	E	K	G	O	P
F	I	S	C	H	F	A	N	G	T	R	I	E	L	N	M	Q	T	S	E	L	L
D	A	F	H	L	O	P	Ü	A	B	F	F	A	M	T	O	L	W	R	L	X	I
E	G	E	R	I	E	S	T	R	I	E	M	E	R	L	I	U	Z	X	Ä	U	E
R	I	G	G	E	Q	K	J	F	S	I	N	M	B	A	I	E	L	V	H	R	A
S	E	E	S	T	U	R	M	L	O	G	C	S	H	N	B	E	I	T	M	U	Z
T	A	U	B	S	T	U	M	M	N	E	D	S	C	H	L	I	R	R	T	T	B
B	M	N	H	L	G	A	I	E	P	N	Q	W	E	R	R	T	O	I	E	A	S
R	B	N	B	V	C	X	Y	A	S	B	D	F	G	H	J	K	L	Q	X	I	R
O	X	Y	Z	I	O	L	K	A	Z	A	U	F	E	R	W	E	C	K	U	N	G
T	M	P	O	G	R	B	R	O	T	U	N	D	F	I	S	C	H	E	I	N	M
E	O	I	M	Z	T	R	E	W	Q	M	L	J	H	G	F	D	S	A	M	N	B

1 _____

2 _____

3 _____

4 _____

5 _____

6 _____

7 _____

8 _____

Auflösung des Buchstabensalats – Die Wunder Jesu

H	J	K	E	R	M	O	S	U	D	E	R	B	L	I	N	D	E	K	G	O	P
F	I	S	C	H	F	A	N	G	T	R	I	E	L	N	M	Q	T	S	E	L	L
D	A	F	H	L	O	P	Ü	A	B	F	F	A	M	T	O	L	W	R	L	X	I
E	G	E	R	I	E	S	T	R	I	E	M	E	R	L	I	U	Z	X	Ä	U	E
R	I	G	G	E	Q	K	J	F	S	I	N	M	B	A	I	E	L	V	H	R	A
S	E	E	S	T	U	R	M	L	O	G	C	S	H	N	B	E	I	T	M	U	Z
T	A	U	B	S	T	U	M	M	N	E	D	S	C	H	L	I	R	R	T	T	B
B	M	N	H	L	G	A	I	E	P	N	Q	W	E	R	R	T	O	I	E	A	S
R	B	N	B	V	C	X	Y	A	S	B	D	F	G	H	J	K	L	Q	X	I	R
O	X	Y	Z	I	O	L	K	A	Z	A	U	F	E	R	W	E	C	K	U	N	G
T	M	P	O	G	R	B	R	O	T	U	N	D	F	I	S	C	H	E	I	N	M
E	O	I	M	Z	T	R	E	W	Q	M	L	J	H	G	F	D	S	A	M	N	B

1   *Jesus heilt einen Blinden.*

2   *Jesus heilt einen Taubstummen.*

3   *Jesus heilt einen Gelähmten.*

4   *Jesus stillt den Seesturm.*

5   *Jesus lässt den Feigenbaum verdorren.*

6   *Jesus erweckt einen Toten zum Leben.*

7   *Jesus vermehrt Brot und Fisch (Speisungswunder).*

8   *Der wunderbare Fischfang*

Ein Wunder ist ...

Alltägliches Wunder-Ereignis	Was passiert?

Kirchenfeste-Montagsmaler

Ziel / Leitidee	Schüler lernen die Feste im Kirchenjahr und den Aufbau des Kirchenjahrs kennen bzw. rufen sich diesen in Erinnerung
Klassenstufe	5 / 6
Vorbereitung / Material	Arbeitsblatt / OHP-Projektor, Stifte
Sozialform	gesamte Klasse
Kompetenzbereich	Zeichnen / Raten

Hinführung
- Jeder Schüler erhält eine Karte, auf der ein Kirchenfest abgedruckt ist. Die Karten dürfen den Mitschülern nicht gezeigt werden.

Tipp Wenn ein Schüler sein Fest nicht kennt, darf er nach vorne kommen und die Lehrkraft um weitere Infos bitten.

Hauptphase
- Die Schüler kommen der Reihe nach vorne und **zeichnen** auf dem OHP-Projektor oder auf der Wandtafel ihr Kirchenfest auf. Die Mitschüler raten.
- Wenn alle Kirchenfeste gezeichnet worden sind, stellen sich die Schüler in der **richtigen Reihenfolge** im Kreis auf und gehen dabei der Frage nach:

Welches Fest folgt auf welches?

Bei dieser Übung wird nicht gesprochen.

Mögliche Anschlussaktivitäten
- Der Kreis wird aufgelöst und die Zettel mit den Festen eingesammelt. Nun werden ein bis zwei Schüler bestimmt, die das Kirchenjahr anhand der **Zettel** in die richtige Reihenfolge bringen. Sie haben drei Joker (Sie dürfen sich drei Mal von Mitschülern helfen lassen).
- Jeder Schüler zeichnet zu seinem Fest ein passendes Symbol oder ein Bild.

Christliche Kirchenfeste

Das Kirchenjahr und seine Feste	
Auferstehung von Jesus (Ostern)	Jesus stirbt am Kreuz.
Advent	Jesus wird in den Himmel aufgenommen.
Geburt von Jesus (Weihnachten)	Katholischer Gedenkfest für die Heiligen
Christi Himmelfahrt	Fest des „Heiligen Leibes und Blutes Christi" – Feier der Gegenwart von Jesus Christus in der Eucharistie
Dreikönige	40-tägige Zeit der Buße und Umkehr
Karfreitag	Am dritten Tag nach seinem Tod ist das Grab leer.
Allerheiligen	Die „Waisen aus dem Morgenland" besuchen Jesus in der Krippe.
Gründonnerstag (Letztes Abendmahl)	Vorbereitung auf die Geburt von Jesus Christus / eine Bußzeit
Pfingsten	Jesus nimmt von seinen Freunden Abschied.
Fronleichnam	Maria wird im Himmel aufgenommen (wird nur von Katholiken gefeiert).
Fastenzeit	Gott schenkt den Menschen seinen Sohn.
Reformationssonntag	50 Tage nach Ostern / Der Heilige Geist wird zu den Menschen gesandt.
Maria Himmelfahrt	Erinnerung an die Ereignisse im 16. Jahrhundert, die zur Gründung der evangelischen Kirche führten.

Biblische-Personen-Kreuzworträtsel

Ziel/Leitidee	Schüler testen ihr Wissen über die biblischen Personen und lernen diese näher kennen
Klassenstufe	5/6
Vorbereitung/ Material	Arbeitsblatt in Klassenstärke
Sozialform	Einzelarbeit und gesamte Klasse
Kompetenzbereich	Präsentieren

Hinführung

- Die Klasse wird in Zweierteams aufgeteilt. Nun erhält die Klasse genau 60 Sekunden Zeit, um möglichst viele biblische Personen aufzuschreiben – stoppen Sie die Zeit!
- Wenn die Zeit um ist, werden die Blätter ausgetauscht und die Personen gezählt. Das Team mit den meisten biblischen Personen gewinnt.

Hinweis Es gelten nur Personen, die tatsächlich in der Bibel vorkommen bzw. eindeutig benannt sind (unter www.bibelkommentare.de ist unter „Namenskonkordanz" eine Liste mit allen Namen zu finden).

Hauptphase

- Die Schüler erhalten das Arbeitsblatt und lösen das Kreuzworträtsel.

Präsentation

- Die Schüler vergleichen zu zweit die Lösungen und ergänzen die fehlenden Namen.
- Zu zweit skizzieren die Schüler mündlich, welche Bedeutung die jeweilige Person in der Bibel hat bzw. was in der Bibel über sie berichtet wird.

Mögliche Anschlussaktivitäten

Jeder Schüler wählt eine Person aus und stellt eine wichtige Szene aus deren Leben zeichnerisch dar. Anschließend werden alle Zeichnungen ausgestellt. Die Schüler sehen sich alle Zeichnungen an und notieren auf einem Blatt, auf welchem Bild welche Person zu sehen ist.

Hinweis Auf den Zeichnungen dürfen keine Namen stehen!

Kreuzworträtsel

Oberes Rätsel (leer):

- Der Bruder von Kain ↓
- Er taufte Jesus ↓
- Der erste Heilige / Märtyrer ↓
- Die Schwester von Jesus' Mutter →
- Führte Israeliten aus Ägypten heraus ↓
- Wurde von einem Wal geschluckt ↓
- Abrahams Frau →
- Name einer der drei Heiligen Könige →
- Großer König der Juden ↓
- Jesus' Mutter ↓
- Name eines Zöllners →
- Name des Blinden, den Jesus geheilt hat →
- Baute die Arche →

Unteres Rätsel (gelöst):

- Der Bruder von Kain: ABEL
- Er taufte Jesus: JOHANNES
- Der erste Heilige / Märtyrer: STEPHANUS
- Die Schwester von Jesus' Mutter: ELISABETH
- Führte Israeliten aus Ägypten heraus: MOSES
- Wurde von einem Wal geschluckt: JONA
- Abrahams Frau: SARA
- Name einer der drei Heiligen Könige: MELCHIOR
- Großer König der Juden: DAVID
- Jesus' Mutter: MARIA
- Name eines Zöllners: ZACHÄUS
- Name des Blinden, den Jesus geheilt hat: BARTIMÄUS
- Baute die Arche: NOAH

Erzählen zu Bildern: Trost spenden

Ziel / Leitidee	Schüler werden dafür sensibilisiert, wie sie anderen Menschen Trost spenden können
Klassenstufe	5 / 6
Vorbereitung / Material	Arbeitsblatt in Klassenstärke
Sozialform	Einzelarbeit und gesamte Klasse
Kompetenzbereich	Präsentieren

Hinführung

- An der **Tafel** steht das biblische Zitat:

> *„Euer Gott spricht: Tröstet, tröstet mein Volk."* (Jesaja)

- Die Schüler werden mit der Frage konfrontiert: Und wie oft habt ihr diese Woche Trost gespendet?
- **Gruppenarbeit:** In Kleingruppen sammeln die Schüler „Regeln für das Trösten" – was sollte man machen, was besser nicht? (Eine Antwort kann z. B. sein: alles klein reden, nach dem Motto „Ist doch überhaupt nicht schlimm!".)
- Die Gruppe, die am meisten Regeln herausfindet, gewinnt.

Hauptphase

- Die Schüler erhalten das **Arbeitsblatt** und schreiben für jedes Beispiel eine „Anleitung" auf, wie man die Menschen in dieser Situation unterstützen könnte.

Tipp Bei dem Bild muss eine andere „Anleitung" vorkommen. Leiten Sie Ihre Schüler an, möglichst spezifische Anleitungen zu verfassen, die nur zur jeweiligen Situation passen.

Präsentation

- Die Schüler stellen ihre Ideen vor. Die anderen Schüler hören zu und wählen anschließend die beste Idee für jedes Bild.

Erzählen zu Bildern: Trost spenden

Situation	Anleitung: Was ist zu tun?

Mein Supersonntag

Ziel / Leitidee	Schüler setzen sich kreativ mit dem fünften Gebot „Du sollst den Sonntag heilig halten" auseinander und wenden es auf ihren persönlichen Alltag an
Klassenstufe	5 / 6
Vorbereitung / Material	Papierbogen in Klassenstärke (DIN A4 oder DIN A3)
Sozialform	Einzelarbeit
Kompetenzbereich	Zeichnen

Hinführung

- Die Schüler werden mündlich mit verschiedenen Tätigkeiten konfrontiert. Welche Tätigkeit passt zu einem Sonntag? Welche nicht?

> *Schlafen*
> *Hetzen*
> *Träumen*
> *Treffen*
> *Lernen*
> *Trainieren*
> *Einkaufen*
> *Kino*
> *Kuchen backen*
> *…*

- Zur Antwort stellen sie sich auf die linke („Passt") oder rechte („Passt nicht") Seite des Zimmers. Wenn sich die Klasse nicht einig ist bzw. Schüler an verschiedenen Seiten stehen, kann der Lehrer nachfragen.

Tipp Während dieser Übung sprechen die Schüler kein Wort. Sie müssen sich ganz spontan auf ihrem Platz begeben. Bei unruhigen Klassen kann diese Übung auch vom Platz aus durchgeführt werden. Hier melden sich die Schüler mit Handzeichen (Handzeichen bedeutet: gehört zum Sonntag, kein Handzeichen bedeutet: gehört nicht zum Sonntag).

- Folgendes Gebot wird an die Tafel geschrieben:

> *„Du sollst den Sonntag heilig halten."*

- Kurzes Unterrichtsgespräch:

> *Was fordert das Gebot genau?*
> *Wovor will dieses Gebot bewahren?*
> *Warum ist es wichtig, sich an dieses Gebot zu halten?*

Hauptphase
- Die Schüler erhalten ein Blatt Papier und zeichnen darauf ein Bild von ihrem perfekten bzw. idealen Sonntag.

Präsentation
- Die Bilder werden auf den Tischen ausgelegt. Nun gehen die Schüler von Bild zu Bild und betrachten es.

Hinweis Während dieser Übung sprechen die Schüler kein Wort. Bei jedem Bild hält sich nur ein Schüler auf. Jeder Schüler nimmt sich 30 Sekunden Zeit für die Bildbetrachtung. Dann wird das Zeichen zum Wechsel gegeben.

Auswertung
- Kurzes Gespräch im Klassenverband:

> *Was haben die Bilder ausgelöst?*
> *Gibt es Themen oder Ideen, die auf mehreren Bildern zu finden sind?*
> *Welche Pläne haben die Schüler für den kommenden Sonntag?*
> *Welche „Aktivität", die auf einem Bild zu sehen war, wollen sie unbedingt bald einmal mit ihrer Familie an einem Sonntag ausprobieren?*

Mögliche Anschlussaktivitäten
Machen Sie mit den Bildern eine kleine Ausstellung (z. B. im Schulhaus, in der Kirche oder einem kirchlichen Gebäude). So können auch andere Schüler oder Erwachsene in den kommenden Tagen oder Wochen die Bilder betrachten und sich mit der Thematik beschäftigen. Die Schüler überlegen sich, wie die Bilder aufgehängt, angeordnet, dialogisch miteinander korrespondieren sollen usw. Wenn nötig, verfassen sie zu ihrem Bild einen Begleittext (darin können sie dem Bild einen Titel geben, die Botschaft ihres Werkes erklären oder eine Impulsfrage stellen).

Statements zu Jesus

Ziel / Leitidee	Schüler repetieren ihr Wissen über Jesus
Klassenstufe	5 / 6
Vorbereitung / Material	Arbeitsblatt / OHP-Projektor, Stifte
Sozialform	Einzelarbeit / gesamte Klasse
Kompetenzbereich	Kommentieren / Argumentieren

Hinführung
• Alle Schüler stehen. Jeder, der einen Satz zu Jesus gesagt hat, darf sich hinsetzen.

Beispiel

„Jesus hat Menschen geheilt."

Tipp Sie können die Statements der Schüler an der Wandtafel stichwortartig festhalten.

Hauptphase
• Die Schüler erhalten das Arbeitsblatt. Darauf streichen sie alle falschen Statements durch und überlegen sich eine Begründung (z. B. mit einem konkreten Beispiel aus der Bibel).

Hinweis Bei manchen Statements sind beide Antworten richtig: Es kommt auf die Interpretation an. Bei der Ergebnissicherung werden die entsprechenden Sätze diskutiert.

Ergebnissicherung
• Die Lösungen werden im Klassenverband geprüft.

Mögliche Anschlussaktivitäten
• Die Schüler verfassen einen Steckbrief zu Jesus.

Statements zu Jesus: Falsch oder richtig?

Statements	Begründung / Beispiel
„Jesus war ein Revolutionär."	
„Jesus hat allen Menschen geholfen."	
„Jesus wurde 70 Jahre alt."	
„Jesus ist der Sohn Gottes."	
„Jesus war ein Politiker."	
„Jesus wurde nie wütend."	
„Jesus war ein Arzt."	
„Jesus war Jude."	
„Jesus hat den Menschen neue Hoffnung geschenkt."	
„Jesus hat habgierige Menschen kritisiert."	
„Jesus wurde in Rom geboren."	

Statements zu Jesus: Falsch oder richtig? – Lösungen

Statements
„Jesus war ein Revolutionär."
„Jesus hat allen Menschen geholfen."
~~„Jesus wurde 70 Jahre alt."~~
„Jesus ist der Sohn Gottes."
~~„Jesus war ein Politiker."~~
~~„Jesus wurde nie wütend."~~
~~„Jesus war ein Arzt."~~
„Jesus war Jude."
„Jesus hat den Menschen neue Hoffnung geschenkt."
„Jesus hat habgierige Menschen kritisiert."
~~„Jesus wurde in Rom geboren."~~

E-Mail von meinem Schutzengel

Ziel / Leitidee	Schüler reflektieren ihre Stärken und Schwächen und machen sich bewusst, dass Gott ihnen einen Schutzengel an die Seite gestellt hat
Klassenstufe	5 / 6
Vorbereitung / Material	Arbeitsblatt / Tafel
Sozialform	Einzel- und Partnerarbeit
Kompetenzbereich	Kommentieren / Argumentieren

Hinführung

• Einstieg mit einer kleiner **Phantasiereise:** Die Schüler setzen sich bequem hin, Arme auf den Tisch, schließen die Augen usw. (langsam vorlesen, zwischen jedem Satz eine bewusste Pause machen):

> *So viel ist in den letzten Tagen passiert! Zuhause, in der Schule, im Verein, unterwegs, …*
> *Manches ist nicht so gelaufen, wie ich es mir gewünscht habe. Manchmal war ich unaufmerksam oder in Gedanken ganz wo anders und – schwupps – mitten drin in einem Missgeschick!*
> *Welche brenzligen, herausfordernden oder sogar gefährliche Situationen habe ich in den letzten Tagen erlebt?*
> *Ich versuche mich nun, an sie zu erinnern …*

• Manche Menschen sind überzeugt, dass Gott ihnen einen Schutzengel an die Seite gestellt hat. Es werden folgende **Verben** an die Tafel geschrieben:

Beispiele

> *warnen*
> *Augen öffnen*
> *erinnern*

• Welche Aufgaben hat ein Schutzengel? Die Schüler überlegen sich zu zweit konkrete Beispiele für jedes Verb.

Hauptphase

- Die Schüler verfassen einen Brief, den ihr Schutzengel an sie persönlich schreibt:

> „Liebe / Lieber ...,
>
> ...
>
> ...
>
> Dein Schutzengel."

Diese Fragen werden zur Inspiration an die Tafel geschrieben:

> Was schätze ich an dir?
> Was wollte ich dir schon immer mal sagen?
> Was macht mir wegen dir Sorgen?
> Was würde ich dir wünschen?
> Was könntest du an dir verbessern?

Ergebnissicherung

- Wer möchte, darf den Brief vorlesen.

Immer viel loben

Ziel/Leitidee	Schüler lernen, Lob auszudrücken: gelebte Nächstenliebe heißt auch, anderen positive Rückmeldungen zu geben
Klassenstufe	5/6
Vorbereitung/Material	Arbeitsblatt
Sozialform	Einzelarbeit/gesamte Klasse
Kompetenzbereich	Rückmeldungen geben/andere positiv beurteilen

Hinführung

- Auf der linken und auf der rechten Tafel steht:

> *„Ich finde es toll, dass du immer so gut drauf bist!"*
> *„Immer musst du alles besser wissen."*

- Kurze **Diskussion** im Klassenverband:
  1) Lob oder Kritik – was kommt im Alltag häufiger vor?
  2) Warum tun sich manche mit Loben so schwer?
  3) Wie funktioniert „gutes" Loben?

Tipp Gemeinsam mit den Schülern werden drei bis vier Regeln zum Loben zusammengetragen (übertriebenes Lob bzw. Schmeichelei und falsches Lob sind tabu usw.) und auf der Tafel notiert.

Hauptphase

- Die Schüler erhalten das **Arbeitsblatt,** schreiben es mit ihrem Namen an und geben es nun weiter. Jeder schreibt ein Lob oder Kompliment in den Umriss der Zeichnung.

Regel

> *Jede Bemerkung darf nur einmal geschrieben werden – jeder bekommt ein individuelles Lob.*

Hinweis Während dieser Übung wird nicht gesprochen. Abschreiben ist tabu! Die Regel am besten an die Wandtafel schreiben.

Ergebnissicherung

- Am Schluss erhält jeder sein Blatt zurück und darf die Rückmeldungen der Mitschüler **lesen**.

Hinweis Weisen Sie die Schüler darauf hin, dass sie das Arbeitsblatt als Erinnerung aufbewahren sollen. Vielleicht möchten sie es zu Hause in ihrem Zimmer aufhängen? Wenn es einem einmal nicht so gut geht, kann dieses Blatt aufmuntern und Mut machen!

- Kurze **Reflexion**:

  Gab es Überraschungen?
  Ist etwas nicht verständlich?
  Wie ist es den Schülern ergangen bei der Formulierung des Lobs?
  Was war schwierig daran?
  Warum ist Lob wichtig?

Mögliche Anschlussaktivitäten

- Die Schüler überlegen zu zweit, wie die Klasse **einüben** könnte, eine Kultur der positiven Rückmeldungen bzw. des Lobs zu entwickeln.
- Mündlich jemanden zu loben, ist manchmal gar nicht so einfach. Fragen Sie die Schüler, wann sie das letzte Mal jemanden mündlich gelobt haben. Warum haben sie es gemacht? Die Schüler üben in einem Rollenspiel zu zweit mündliches Loben. Anschließend werden die Erfahrungen im Klassenverband ausgewertet.

Alternative

- Die Schüler überlegen sich, von welchem Lob sie träumen bzw. für was sie gerne gelobt werden würden.

Lob von meiner Klasse

Liebe / Lieber _____ (Name einfügen),
wir möchten dich heute einmal loben:

Name: Klasse: Datum:

Lob von mir

Und dafür möchte ich mich selber loben:

_____

_____

_____

_____

_____

_____

_____

_____

_____

_____

_____

_____

_____

_____

_____

_____

_____

_____

_____

_____

_____

_____

_____

_____

_____

_____

_____

Gebete für jedes Gefühl

Ziel / Leitidee	Schüler werden mit einer Schreibübung dafür sensibilisiert, dass Jesus den Menschen beigebracht hat, sich mit allen Anliegen und Gefühlen im Gebet an Gott wenden zu dürfen
Klassenstufe	5 / 6
Vorbereitung / Material	Papier (DIN A4) in Klassenstärke
Sozialform	Partnerarbeit / gesamte Klasse
Kompetenzbereich	Schreiben

Hinführung
- Kurzes **Brainstorming** im Klassenverband:

Für was beten Menschen?
Welche Arten von Gebeten gibt es?

Hauptphase
- Die Klasse wird in Zweierteams aufgeteilt. Nun werden im Klassenverband eine Liste von Gefühlen genannt und evtl. an die Wandtafel geschrieben:

Freude
Hoffnung
Trauer
Enttäuschung
Zorn
Wut
Hass
Neid
Hoffnungslosigkeit
Angst
Liebe
Trauer
…

- Die Zweierteams erhalten für jedes Gefühl fünf Minuten Zeit, um ein passendes Gebet zu formulieren. Die Gebete werden schriftlich festgehalten.

Präsentation

- Malen Sie ein Smiley (z. B. ☺ / ☹ usw.) an die Tafel. Die Schüler lesen das Gebet vor, das sie zu diesem Gefühl formuliert haben.

Mögliche Anschlussaktivitäten

- Reflexion im Klassenverband:

Bei welchen Gebeten war die Herausforderung am größten?
Warum beten Menschen bei Wut oder Ärger eher selten?

(Antwort: Viele glauben u. a., dass man vor Gott negative Gefühle nicht äußern darf / Wut und Ärger wird oft als negativ beurteilt.)

Zur Schöpfung Sorge tragen

Ziel / Leitidee	Gott hat den Menschen die Welt anvertraut; Schüler sammeln Ideen, wie sie die Schönheit der Schöpfung bzw. der Umwelt bewahren können
Klassenstufe	5 / 6
Vorbereitung / Material	Wandtafel / leere Plakate, Stifte
Sozialform	Gruppenarbeit
Kompetenzbereich	Brainstorming in der Gruppe / Präsentieren

Hinführung

Den Schülern werden drei bis vier **Bilder** gezeigt, auf denen die Problematik „Ausbeutung der Schöpfung" zu sehen ist (z. B. großer Müllberg). Die Schüler kommentieren jedes Bild mündlich:

> *Was ist zu sehen?*
> *Was löst das Bild bei mir aus?*

Tipp Geeignete Fotos finden Sie in Zeitungen, Zeitschriften oder im Internet. Sie können z. B. auf folgenden Homepages suchen: www.pixelio.de, www.photocase.de, www.flickr.com

- Auf die linke Tafel wird die **Frage geschrieben:**

> *Warum liegt die Verantwortung der Schöpfung in unserer Hand?*

- Der Lehrer initiiert mit den Schülern ein kurzes Unterrichtsgespräch darüber, wie sie die Schönheit der Schöpfung, d. h. ihrer und der Umwelt insgesamt bewahren können.
- Auf der rechten Tafel stehen **vier bis sechs Themenkreise.**

Beispiele

> *zu Hause*
> *Schule*
> *draußen*
> *Einkaufen*
> *Speisen & Essen*
> *Tiere*
> *...*

Alternative

- Ein Schüler kommt nach vorne. Er nennt nun während dreißig Sekunden möglichst viele Beispiele für Umweltverschmutzung bzw. verantwortungsloser Umgang mit Natur und Umwelt.

Hauptphase

- Die Klasse wird in Kleingruppen aufgeteilt. Jede Gruppe sammelt für ein Thema **10–15 konkrete Ideen,** wie die Klasse im Alltag dazu beitragen kann, Gottes Schöpfung zu bewahren. Die Ideen werden als Liste (z. B. 1–10) stichwortartig auf einem **Plakat** notiert.
- Am Schluss bestimmt die Gruppe **die drei wichtigsten Ideen** und markiert sie mit einem grünen Punkt.

Präsentation

- Ein Vertreter jeder Gruppe stellt die Ideen vor. Die Plakate werden an die Tafel gehängt.

Hinweis Fragen Sie kritisch nach und ermuntern Sie die anderen Schüler, kritisch nachzuhaken: Wie realistisch ist die Idee? Lässt sie sich ohne großen Aufwand durchführen? Wie kann man die Menschen motivieren/überzeugen, die Ideen umzusetzen bzw. wie kann man es ihnen schmackhaft machen?

Mögliche Anschlussaktivitäten

- Die Schüler überlegen sich zu zweit einen Werbespot für eine der vorgestellten Idee und studieren diesen als Rollenspiel ein. Der Werbespot sollte die Zuschauer für die Idee aktivieren bzw. ihnen zeigen, warum sie einen Sinn ergibt. Anschließend führen alle ihr Rollenspiel auf.

Tipp Tragen Sie im Klassenverband kurz zusammen, was die Charakteristika eines Werbespots sind und was einen guten Werbespot ausmacht (u. a. sollte er möglichst kurz sein, da jede Sekunde im Fernsehen viel Geld kostet; er sollte gut verständlich, witzig, nicht moralisierend sein und eine klare Botschaft haben).

Mein großes Vorbild

Ziel / Leitidee	Schüler setzen sich mit ihren Vorbildern auseinander und lernen die Vorbilder der Mitschüler kennen
Klassenstufe	5 / 6
Vorbereitung / Material	DIN-A3-Papierbogen in Klassenstärke
Sozialform	Einzelarbeit / gesamte Klasse
Kompetenzbereich	Schreiben / Präsentieren

Hinführung
- Auf der Tafel stehen die **Namen verschiedener aktueller Idole** (Sänger, Sportler usw.).
- Die Schüler äußern sich spontan, was ihnen zu diesen Namen einfällt bzw. was die **Gemeinsamkeiten** dieser Namen sind.

Hauptphase
- Die Schüler gestalten einen **Steckbrief** zu ihrem Vorbild. Der Steckbrief soll Informationen zu folgenden Punkten liefern:

> *Name des Vorbilds*
> *Beruf*
> *Herkunft*
> *Was kann er / sie gut?*
> *Was können wir von ihm / ihr lernen?*

- Wenn ein Schüler kein Vorbild hat, darf er ein Plakat zu einer Person entwickeln, die für viele Menschen als Vorbild gilt oder die er für etwas „Besonders" hält.

Tipp Die Schüler sollten darauf hingewiesen werden, wie man Steckbriefe bzw. Plakate sinnvoll und übersichtlich gestaltet (als Mindmap, nicht zu viel Text, gut lesbare Schrift usw.)

Präsentation
- Jeder Schüler stellt der Klasse sein Plakat vor. Die Mitschüler dürfen Fragen stellen.

Mögliche Anschlussaktivitäten
- Diskutieren Sie mit den Schülern im Klassenverband:

> *Welche Gemeinsamkeiten / Unterschiede haben die präsentierten Vorbilder?*

- Die Antworten werden auf die Tafel geschrieben.

Mein bester Freund

Ziel / Leitidee	Schüler setzen sich mit dem Wert der Freundschaft auseinander und erfahren, worauf es bei der Freundschaft ankommt
Klassenstufe	5 / 6
Vorbereitung / Material	Arbeitsblatt
Sozialform	Einzelarbeit / gesamte Klasse
Kompetenzbereich	Schreiben

Hinführung

- Zum Einstieg stellen sich die Schüler in einer Linie nebeneinander auf. Nun werden verschiedene Aussagen genannt. Die Schüler positionieren sich: Wer sich mit der Aussage identifizieren kann, bleibt auf der Linie stehen. Wer sich gar nicht damit identifizieren kann, geht einige Schritte zurück:

> *„Gute Freunde sind auch mitten in der Nacht für mich da."*
> *„Gute Freunde lassen für mich alles stehen und liegen, wenn ich sie dringend brauche."*
> *„Wenn ein Freund ein Geheimnis von mir weitererzählt, ist das das Ende der Freundschaft."*
> *„In einer Freundschaft gibt es nie Streit."*
> *„Richtig gut ist eine Freundschaft erst, wenn sie viele, viele Jahre hält."*
> *„Man kann nur ein bis zwei wirklich gute Freunde haben."*

Tipp Bitten Sie zwei bis drei Schüler darum, ihre Positionierung zu begründen.

Alternative

- Die Schüler vervollständigen den Satz:

> *„Ein guter Freund ..."*

Hauptphase

- Die Schüler erhalten das Arbeitsblatt und füllen die Tabelle aus.

Ergebnissicherung

- Die Ergebnisse werden im Klassenverband verglichen.

Mögliche Anschlussaktivitäten

- Die Schüler überlegen sich zu zweit Beispiele, warum gute Freunde fürs Leben so wichtig sind.

Das baut eine Freundschaft auf

Das zerstört eine Freundschaft

_____
_____
_____
_____
_____
_____
_____
_____
_____
_____
_____
_____
_____
_____
_____
_____
_____
_____
_____
_____
_____
_____
_____
_____
_____
_____
_____
_____
_____

Das kann ich zu einer Freundschaft beitragen

Das können meine Freunde beitragen

Die Goldene Regel an unserer Schule

Ziel / Leitidee	Schüler wenden die Goldene Regel auf den Alltag an ihrer Schule an
Klassenstufe	5 / 6
Vorbereitung / Material	Arbeitsblatt
Sozialform	Einzel- und Partnerarbeit
Kompetenzbereich	Schreiben und Beispiele finden

Hinführung

- Die Schüler bekommen sieben Minuten Zeit, zu zweit oder zu dritt ein kurzes **Szenenspiel** zum Stichwort „Respektvoller Umgang miteinander" einzustudieren. Danach werden zwei bis drei Teams aufgefordert, ihre Szenen vorzuspielen.

Alternative

- Schreiben Sie die „Goldene Regel" an die Tafel. Die Schüler nennen Beispiele aus ihrem Alltag, wo sie oder andere Menschen sich an die „Goldene Regel" gehalten haben bzw. halten.
- Die christliche Religion kennt, wie viele andere Religionen, die „Goldene Regel" als Grundlage des gelingenden Zusammenlebens. Diese Regel wird an die Tafel geschrieben:

> *„Behandle andere so, wie du von anderen behandelt werden willst."*

- Die Schüler nennen spontan **drei konkrete Beispiele** für die „Goldene Regel".

Hauptphase

- Die Schüler erhalten das **Arbeitsblatt** und notieren auf dem „Schulhausplan" konkrete Beispiele, welches Verhalten die „Goldene Regel" verlangt.

Ergebnissicherung

- Die Ergebnisse werden im Klassenverband verglichen.

Mögliche Anschlussaktivitäten

- Diskussion im Klassenverband:

> *Wie kann jeder Schüler einen Beitrag dazu leisten, dass sich alle an der Schule an die „Goldene Regel" halten?*

Arbeitsblatt: Schulhausplan

Informatikraum	**Lehrerzimmer**	
	Flur	**Unser Schulzimmer**
Bibliothek	**Toiletten** **Mensa Speiseraum**	
Fahrradkeller		
	Pausenhof	
	Sporthalle	

14 Bibel-Detektive

Ziel / Leitidee	Schüler setzen sich mit dem Aufbau der Bibel auseinander
Klassenstufe	5 / 6
Vorbereitung / Material	Arbeitsblatt / OHP-Projektor, Stifte
Sozialform	Einzelarbeit / gesamte Klasse
Kompetenzbereich	Kommentieren / Argumentieren

Hinführung

- Jeder Schüler erhält einen **Buchstaben** (Q, X, Y weglassen!) und sucht einen Begriff aus der Bibel, der mit diesem Buchstaben beginnt. Anschließend stellen alle ihre Begriffe mit einer kurzen Erklärung vor.

Beispiele

A wie Adam
B wie Bethlehem
E wie Esel oder Essen
H wie Herodes
J wie Jerusalem
M wie Maria
R wie Rahel oder Römer / Römerbrief
T wie Tempel (von Jerusalem) oder Trompete (Trompeten von Jericho)
W wie Wunder

- Kurzes **Unterrichtsgespräch:**

  Was ist die Bibel überhaupt? Worum geht es in der Bibel?
  (Antwort: Erzählungen über Gott, Jesus usw.)
  Welche Bedeutung hat sie für die Christen?
  („Wort Gottes" – „Anleitungen" für das Leben, ein Buch, das Hoffnung schenkt)
  Inwiefern unterscheidet sich die Bibel von einem phantastischen Roman, z. B. von Cornelia Funke?
  (Bibel ist keine Erfindung von Menschen, sondern wurde von Gott bzw. dem Heiligen Geist inspiriert – wurde von verschiedenen Autoren aufgeschrieben)

Alternative

- Verteilen Sie allen Schülern Post-its oder Papierstreifen, auf denen ein Begriff aus der Bibel zu finden ist (z. B. Auferstehung Jesus, Moses, Zehn Gebote, Pfingsten [Heiliger Geist], Kain und Abel, Jona und der Walfisch, Fußwaschung, Sturmstillung). Die Schüler erhalten zwei Minuten und rufen sich in Erinnerung, welche Geschichte sich hinter diesem Begriff verbirgt und ob es sich um eine Geschichte aus dem Alten oder Neuen Testament handelt.

Hauptphase

- Die Schüler erhalten das Arbeitsblatt und suchen im **Buchstabensalat** die Namen biblischer Bücher. Anschließend ordnen sie die Biblischen Bücher in die richtige Kategorie (Altes und Neues Testament) ein.

Tipp Erklären Sie vor oder nach der Übung den Unterschied zwischen dem Alten und dem Neuen Testament (das Alte Testament ist älter als das Neue Testament; im Alten Testament sind alle Geschichten, die vor der Geburt Jesus stattgefunden haben, zu finden; im Neuen Testament sind die Erzählungen über Jesus und seine Auferstehung zu finden).

Ergebnissicherung

- Die Lösungen werden im Klassenverband geprüft.

Mögliche Anschlussaktivitäten

- Die Schüler versuchen für möglichst viele biblische Bücher eine Geschichte oder ein Thema (z. B. Lukas-Evangelium: Geburt von Jesus) zu finden. Wenn ein Klassensatz Bibeln vorhanden ist, können sie in der Bibel blättern. Ansonsten können sie im Internet recherchieren.

Hinweis Alle christlichen Konfessionen / Kirchen sehen die Bibel als Wort Gottes. Das Wort „Bibel" stammt aus der griechischen Sprache und bedeutet „Bücher" *(biblia)* – die Bibel ist eine Sammlung von verschiedenen Einzelschriften oder Büchern. Sie ist eine Art „Bibliothek" mit insgesamt 77 Bänden: 39 im Alten Testament, 27 im Neuen Testament und 11 sogenannten Spätschriften des Alten Testaments.

Buchstabensalat – Biblische Bücher

S	Z	T	B	S	E	V	A	N	G	E	L	I	E	N	I	G	W	P	O
G	E	N	E	S	I	S	Z	U	N	O	E	K	L	K	A	S	I	M	I
A	P	O	S	T	E	L	G	E	S	C	H	I	C	H	T	E	U	L	L
K	O	R	I	N	T	H	E	R	B	R	I	E	F	R	E	I	M	E	R
L	O	N	D	O	E	R	Ö	M	E	R	B	R	I	E	F	R	S	H	I
G	R	I	E	C	H	E	N	B	R	I	E	F	S	M	V	N	A	S	J
S	A	M	A	R	K	U	S	E	V	A	N	G	E	L	I	U	M	E	R
P	R	O	P	H	E	T	E	N	Z	O	M	O	L	E	I	B	J	F	G
S	I	N	M	H	E	B	R	Ä	E	R	B	R	I	E	F	L	Q	R	T
A	P	O	S	T	E	L	G	E	S	C	H	I	C	H	T	E	J	H	Z
L	H	J	L	M	B	B	S	E	R	T	S	A	M	K	M	V	C	D	S
M	A	T	T	H	Ä	U	S	E	V	A	N	G	E	L	I	U	M	N	S
E	N	I	K	O	D	E	M	O	K	A	R	T	E	R	N	M	K	E	T
H	E	H	E	R	H	O	H	E	S	L	I	E	D	E	R	M	N	C	X

- -

Auflösung Buchstabensalat – Biblische Bücher

S	Z	T	B	S	E	V	A	N	G	E	L	I	E	N	I	G	W	P	O
G	E	N	E	S	I	S	Z	U	N	O	E	K	L	K	A	S	I	M	I
A	P	O	S	T	E	L	G	E	S	C	H	I	C	H	T	E	U	L	L
K	O	R	I	N	T	H	E	R	B	R	I	E	F	R	E	I	M	E	R
L	O	N	D	O	E	R	Ö	M	E	R	B	R	I	E	F	R	S	H	I
G	R	I	E	C	H	E	N	B	R	I	E	F	S	M	V	N	A	S	J
S	A	M	A	R	K	U	S	E	V	A	N	G	E	L	I	U	M	E	R
P	R	O	P	H	E	T	E	N	Z	O	M	O	L	E	I	B	J	F	G
S	I	N	M	H	E	B	R	Ä	E	R	B	R	I	E	F	L	Q	R	T
A	P	O	S	T	E	L	G	E	S	C	H	I	C	H	T	E	J	H	Z
L	H	J	L	M	B	B	S	E	R	T	S	A	M	K	M	V	C	D	S
M	A	T	T	H	Ä	U	S	E	V	A	N	G	E	L	I	U	M	N	S
E	N	I	K	O	D	E	M	O	K	A	R	T	E	R	N	M	K	E	T
H	E	H	E	R	H	O	H	E	S	L	I	E	D	E	R	M	N	C	X

Biblische Bücher im Vergleich

Altes Testament	Neues Testament

Biblische Bücher im Vergleich – Lösungen

Altes Testament	Neues Testament
Genesis	Apostelgeschichte
Psalmen	Korintherbrief
Hohes Lied	Römerbrief
Propheten	Markusevangelium
	Matthäusevangelium
	Hebräerbrief

Das größte Geschenk

Ziel / Leitidee	Schüler erfahren, wie wertvoll immaterielle Geschenke sein können, denn Jesus lehrte die Menschen, ihr Herz nicht an materielle Dinge zu hängen; heute fehlt oft das Bewusstsein für den Wert von immateriellen Dingen wie Zeit, Gesundheit usw.
Klassenstufe	5 / 6
Vorbereitung / Material	Arbeitsblatt in Klassenstärke
Sozialform	Partnerarbeit
Kompetenzbereich	Kreatives Denken

Hinführung

- An der Tafel stehen **verschiedene Geschenke** und deren Wert:

> *Buch =   12 Euro*
> *Swatch = 70 Euro*
> *Zeit =   ? EUR*

- Die Schüler kommentieren die Liste und finden eine Antwort auf die Frage:

> *„Wie viel kostet die Zeit?"*

Hauptphase

- Die Schüler erhalten das Arbeitsblatt und überlegen sich in **Zweierteams** Geschenkideen, die nichts kosten, aber kostbar sind.
- Zur Inspiration werden verschiedene Zielgruppen an die Tafel geschrieben:

> *Eltern*
> *Großeltern*
> *Geschwister*
> *Freunde*
> *Verwandte*
> *Nachbarn*
> *Bekannte*
> *...*

Die Schüler sollen gezielt Geschenkideen für verschiedene Zielgruppen entwickeln.

Präsentation

- Alle Teams **stellen ihre Ideen vor.** Die Mitschüler hören zu und ergänzen gegebenenfalls neue Ideen auf ihrem Arbeitsblatt.
- **Schlussrunde:** Jeder Schüler nennt die Idee, die ihm am besten gefällt bzw. die er bekommen möchte, und begründet seine Wahl.

Mögliche Anschlussaktivitäten

- Im Klassenverband werden Ideen gesammelt, wie diese alternativen Geschenkideen **„verpackt"** werden können, z. B.:

> *Gutschein in einem schön verzierten Briefumschlag stecken*
> *Gutschein zusammenrollen und mit einem schönen Band zusammenbinden*
> *Gutschein als Puzzle zerschneiden (der Beschenkte muss das Puzzle zusammensetzen, damit er weiß, was er bekommen hat)*

Die Ideen werden an der Tafel notiert.

Tipp Zeigen Sie den Schülern die inspirierende Homepage www.zeit-statt-zeug.de als konkretes Beispiel und ermuntern Sie die Schüler, selber bei diesem Projekt mitzumachen (z. B. kann jeder seinen eigenen Wunschzettel online veröffentlichen).

Hinweis Machen Sie die Schüler darauf aufmerksam, dass sie bei der Verpackung auch ökologische Kriterien berücksichtigen sollen (möglichst wenig „Müll" verursachen!). Welche „umweltfreundlichen" Verpackungsmaterialien gibt es? (z. B. eine alte Glasflasche, ein Jutesack, der wieder verwendet werden kann, altes Zeitungspapier, eine alte Socke usw.)

Name: Klasse: Datum:

Kostbare Geschenkideen 1

Geburtstag

Weihnachten

Kostbare Geschenkideen 2

Muttertag / Vatertag

„Einfach so"

Das Geheimnis der Symbole

Ziel / Leitidee	Schüler lernen Sinn und Bedeutung der (religiösen) Symbole kennen
Klassenstufe	7 / 8
Vorbereitung / Material	Tafel / Kreide / Kopiervorlage in Klassenstärke / evtl. Zeichnungspapier (DIN A4)
Sozialform	Einzel- und Partnerarbeit / gesamte Klasse
Kompetenzbereich	Zeichnen, Lesen

Hinführung
- Verschiedene Symbole sind auf der Tafel zu sehen:

> *Kreuz*
> *Verbotsschild*
> *Facebooklogo*
> ...

Die Schüler tauschen sich in Partnergesprächen über die Logos auf der Tafel aus. Welche Bedeutung haben sie und in welchem Zusammenhang stehen sie?
- Fragen Sie zwei bis drei Gruppen nach den Ergebnissen ihres Gesprächs.
- Die Schüler suchen in einer Partnerarbeit Antworten auf die Frage: Warum sind Symbole für unseren Alltag hilfreich?

Hauptphase
- Die Schüler bekommen das Arbeitsblatt „Christliche Symbole" und füllen es selbstständig aus. Sie stellen jedes Symbol grafisch dar und ordnen jedem Symbol die richtige Erklärung zu.

Ergebnissicherung
- Die Ergebnisse werden im Klassenverband geprüft.

Mögliche Anschlussaktivitäten
- Schüler überlegen sich weitere, eigene Symbole, zeichnen sie und stellen sie anschließend einander vor.

Christliche Symbole

Symbol	Illustration	Bedeutung
Kreuz		Auf Griechisch heißt dieses Wort „Ichtys" und ist eine Abkürzung für „Jesus Christ, Gottes Sohn, Erlöser".
Taube		Bild für Gott: Er ist der Anfang, er ist das Ende.
Alpha und Omega		Erinnerung an Jesus: Er ist das „Licht der Welt".
Wasser		Symbol für den Heiligen Geist
Fisch		Das Zeichen der Auferstehung
Feuer		Dieses Symbol zeigt, dass Jesus bei den Menschen ist und ihnen „Nahrung" für das Leben gibt.
Kerzenlicht		Darstellung des Heiligen Geistes, auch ein Friedenssymbol
Brot		Zeichen der Reinigung von den Sünden
Hirte		Dieses Symbol zeigt, dass Gott sich um die Menschen kümmert und sie nie im Stich lässt.

Gottes Stellvertretung

Ziel / Leitidee	Schüler versetzen sich in die Perspektive Gottes und beschäftigen sich dadurch mit der Theodizee-Frage (Warum gibt es Leid? usw.)
Klassenstufe	7 / 8
Vorbereitung / Material	DIN-A4-Papierbogen in Klassenstärke
Sozialform	Einzelarbeit / gesamte Klasse
Kompetenzbereich	Präsentieren

Hinführung
- Auf der Tafel steht:

> *Was würdest du gerne auf unserer Welt verändern?*

Kurze **Einstiegsrunde** zur Frage. Jeder, der eine Antwort gesagt hat, darf sich setzen.
- Die Schüler erinnern sich, worüber in den letzten Tagen in den Medien berichtet wurde und nennen **Probleme, Katastrophen** usw., die die Welt zurzeit beschäftigen. Protokollieren Sie die Antworten auf der Tafel.

Alternative
- Eine Szene aus dem Film *Bruce allmächtig* wird gezeigt (Film ist auf DVD und Ausschnitte im Internet verfügbar). Dieser Film erzählt auf witzige Weise die Geschichte von einem Mann, der für ein paar Tage den „Job" von Gott übernehmen muss und dabei die Komplexität des Gebets usw. erkennt.

Hauptphase
- Die Schüler bereiten ein **Kurzreferat** vor (Dauer: ca. drei Minuten), in dem sie der Klasse erzählen, was sie alles machen würden, wenn sie einen Tag lang Gott wären.

> *Was ich alles machen würde, wenn ich einen Tag lang Gott wäre …*

- Dabei dürfen sie keinen Fließtext schreiben, sondern ihre Ideen in einem **Mindmap oder Cluster** notieren.

Hinweis Betonen Sie, dass der Text unbedingt aus der Ich-Perspektive geschrieben werden muss!

Tipp Erinnern Sie die Schüler an die Charakteristika eines Mindmaps bzw. Clusters.

Präsentation
- Jeder Schüler stellt sein Referat vor. Dabei wird die Zeit gestoppt.

Mögliche Anschlussaktivitäten
- Gespräch im Klassenverband:

> *Warum unternimmt Gott nicht alles, das wir uns wünschen?*
> *Warum werden manche Gebete nicht erhört?*
> *Was würde passieren, wenn Gott alle Gebete der Menschen auf einmal erfüllen würde?*
> ...
>
> (Mögliche Antworten:
> Würde Gott analog zum Film *Bruce allmächtig* alle Wünsche der Menschen erfüllen, würde die Gesellschaft zusammenbrechen.
> Gott ist kein Wunschautomat, bei dem man einfach alle Wünsche eingeben kann. Manchmal braucht es etwas Geduld.
> Gott hat etwas anderes mit einem vor – vielleicht passt eine andere Lösung viel besser?
> Gott möchte, dass wir selber einen Beitrag leisten: Nicht einfach nur abwarten, bis Gott etwas macht, sondern selber versuchen, an der Lösung zu arbeiten.)

- Leistungsstarke Klassen können sich im Anschluss mit der Theodizee-Frage beschäftigen. Dazu führen sie Schüler im Internet eine Recherche zum Begriff „Theodizee" bzw. „Theodizee-Frage" durch.

Beispielfragen

> *Was bedeutet Theodizee?*
> *Welche Erklärungsmuster gibt es für die Theodizee?*
> *Was hältst du persönlich davon?*

Anschließend werden die Suchergebnisse im Klassenverband besprochen.

Gebet-Schreibwerkstatt

Ziel / Leitidee	Schüler werden aktiviert, ihre Gefühle und Gedanken in Gebeten auszudrücken
Klassenstufe	7 / 8
Vorbereitung / Material	Tafel / Kreide / Papier
Sozialform	Einzel- und Partnerarbeit / gesamte Klasse
Kompetenzbereich	Kreatives Schreiben

Hinführung

- An der Tafel steht das Gebet:

> *„Bitte, lieber Gott, schenk mir ein iPhone!"*

- Die Schüler äußern spontan ihre **Eindrücke** dazu.
- In einer Partnerarbeit überlegen sich die Schüler **vier bis fünf Merkmale** eines Gebets.
- Die Antworten werden im **Plenum** zusammengetragen und die wichtigsten Merkmale an die Tafel geschrieben.

Alternative

- Konfrontieren Sie die Schüler mit dem Gebet „Lieber Gott, mach mich fromm, damit ich in den Himmel komm". Dabei handelt es sich um ein Gebet, das Anfangs des 20. Jahrhunderts entstanden ist. Kurze Diskussion:

> *Wie wirkt das Gebet heute?*
> *Welche Reaktionen löst es aus?*

- Informieren Sie die Schüler, dass sich die Gebete im Laufe der Zeit verändert haben und der aktuellen Sprache angepasst haben.

Hauptphase

- Die Schüler verfassen in einer „kreativen Schreibwerkstatt" **schriftliche Gebete.**
- Sie erhalten ein leeres Blatt Papier und den Auftrag, ganz spontan fünf Begriffe aufzuschreiben, die ihnen einfallen, z. B. zu:

> *Nomen*
> *Adjektiven*
> *Verben*
> *...*

- Machen Sie die Schüler darauf aufmerksam, welche Gebetsformen die christliche Tradition kennt (evtl. an die Tafel schreiben):

> *Dankgebet (Gott für etwas danken)*
> *Bittgebet (Gott um etwas bitten)*
> *Lobpreisgebet (Gott loben, z. B. „Großer Gott, wir loben dich")*
> *Vergebungsgebet (Gott um Verzeihung bitten, z. B. „Gott, vergib mir meine Schuld")*
> *Klagegebet (Gott Klage, Trauer, Zweifel mitteilen)*

- Nun wird das Blatt einmal nach links weitergegeben. Auf dem fremden Blatt werden nochmals fünf Begriffe notiert. Das Blatt wird nochmals weitergereicht.
- Auf dem neuen Blatt werden von den zehn Begriffen die drei Begriffe, die am langweiligsten sind, durchgestrichen. Das Blatt wird nochmals weitergereicht.
- Auf dem Blatt stehen sieben Begriffe. Die drei spannendsten oder aktuellsten Begriffe werden eingekreist. Das Blatt wird zum letzten Mal weitergereicht.
- Jeder Schüler verfasst ein Dank-, Bitt- oder Lobpreisgebet, in dem die umkreisten drei Begriffe vorkommen.

Präsentation
- Die Schüler lesen ihre Gebete vor.

Psalmen-Update

Ziel / Leitidee	Schüler lernen die biblische Textgattung der Psalmen kennen, setzen sich mit deren Inhalten auseinander und verfassen einen eigenen Psalm
Klassenstufe	7 / 8
Vorbereitung / Material	Tafel / Kreide / Kopiervorlage in Klassenstärke
Sozialform	Einzelarbeit / gesamte Klasse
Kompetenzbereich	Lesen, Textinterpretation, Schreiben

Hinführung
- Auf der Tafel steht ein **Psalm,** z. B. Psalm 23:

> *„Der Herr ist mein Hirte; mir wird nichts mangeln.*
> *Er weidet mich auf einer grünen Aue*
> *und führet mich zum frischen Wasser.*
> *Er erquicket meine Seele.*
> *Er führet mich auf rechter Straße um seines Namens willen.*
> *Und ob ich schon wanderte im finstern Tal, fürchte ich kein Unglück;*
> *denn du bist bei mir, dein Stecken und Stab trösten mich."*

- Im **Plenum** suchen die Schüler Antworten auf die Fragen:

> *Welche Gefühle kommen im Psalm zum Ausdruck?*
> *Was für eine Person hat diesen Psalm wohl verfasst (in welcher Situation ist sie?)*
> *Was soll der Psalm bewirken?*

Hauptphase
- Die Schüler bekommen das Arbeitsblatt „Psalmen". Sie lesen die Psalmen und wählen anschließend zwei bis drei Psalmen aus und verfassen eine neue Version davon (Übersetzung des Psalms in die Gegenwart).

Hinweis Es können auch andere Psalmen aus der Bibel verwendet werden. Bei leistungsstarken Klassen könnte auch jeder Schüler einen eigenen Psalm bekommen. Zusatzaufgabe: Jeder interpretiert seinen Psalm und stellt ihn vor.

Ergebnissicherung
- Die Schüler lesen ihre Psalmen vor. Die Updates werden verglichen: Sind die neuen Version nah an der ursprünglichen Version oder hat sich die Aussage verändert?
- Die Schüler verfassen einen eigenen Psalm (der ihre aktuellen Emotionen widerspiegelt) und schreiben diesen auf die Rückseite des Arbeitsblattes.

Übersetze die Psalmen 1

Psalmen	Übersetze in die Gegenwart:
„Meine Seele ist tief verstört. *Du aber, Herr, wie lange säumst du noch?* *Herr, wende dich mir zu und errette mich,* *in deiner Huld bring mir Hilfe!"* *(Psalm 6)*	
„Der Name des Herrn sei gepriesen *von nun an bis in Ewigkeit.* *Vom Aufgang der Sonne bis zum Untergang* *sei der Name des Herrn gelobt.* *Der Herr ist erhaben über alle Völker,* *seine Herrlichkeit überragt die Himmel."* *(Psalm 113)*	
„Der HERR ist mein Hirte, nichts wird mir *mangeln.* *Er weidet mich auf grünen Auen* *und führt mich zum Ruhelager am Wasser.* *Er erquickt meine Seele. Er führt mich auf* *rechten Pfaden,* *treu seinem Namen.* *Und muss ich auch wandern im finsteren Tal,* *ich fürchte kein Unheil;* *denn du bist bei mir, dein Stecken und Stab* *trösten mich."* *(Psalm 23)*	

Übersetze die Psalmen 2

Psalmen	Übersetze in die Gegenwart:
„Herr, warum wendest du dich mir ab, zeigst mir deine kalte Schulter? Ich habe doch nichts Böses getan! Warum erlebe ich nun einen strafenden Gott? Ich will nicht an einen strafenden Gott glauben, sondern an einen grenzenlos liebenden. Ich begegne hier einem Gott, den ich nicht verstehe. Beständig frage ich nach dem Warum." (Psalm 10)	
„Halleluja, halleluja, Preiset den Herrn! Gott unser Schöpfer, wir loben dich, denn du bist groß und hast unsere Welt herrlich gemacht. Du bist wie die Sonne, die uns wärmt. Du bist wie das Licht, das unser Dunkel hell macht. Gott du bist immer und überall da. Du tröstest uns, wenn wir traurig sind. Du freust dich, wenn wir fröhlich sind. Halleluja. Preiset den Herrn! Gott unser Schöpfer, wir loben dich. Du hast Himmel und Erde geschaffen, das Wasser vom festen Land getrennt. Seen, Flüsse, Bäche und Meere sind geworden. Du hast Lebensraum geschaffen Für Menschen, Tiere und Pflanzen." (Psalm 104)	

20 Herkunft der Sprichwörter

Ziel / Leitidee	Schüler lernen die biblische Herkunft von Sprichwörtern und deren Bedeutung kennen
Klassenstufe	7 / 8
Vorbereitung / Material	Arbeitsblatt in Klassenstärke
Sozialform	Einzel- und Partnerarbeit / gesamte Klasse
Kompetenzbereich	Schreiben, interpretieren, präsentieren

Hinführung

- Die Klasse wird für ein **Quiz** in zwei Gruppen eingeteilt. Die Lehrperson liest folgende Sprichwörter vor. Die Gruppen raten, welche davon aus der Bibel (B) stammen.

> *„Geben ist seliger denn nehmen." (B)*
> *„Andre Mütter haben auch schöne Töchter."*
> *„Anfangen ist leicht, beharren eine Kunst."*
> *„Wer Wind sät, wird Sturm ernten." (B)*
> *„Lachen ist eine Brücke." (B)*
> *„Angst verleiht Flügel."*
> *„Auch ein blindes Huhn findet mal ein Korn."*

Die Gruppe mit den meisten richtigen Antworten gewinnt.

Hauptphase

- Die Schüler verfassen in einer Partnerarbeit für jedes Sprichwort eine **Interpretation:** Welche Botschaft hat das Sprichwort?
- Nun suchen die Schüler alleine oder zu zweit **aktuelle Beispiele** für Sprichwörter aus ihrem Alltag, aus der Wirtschaft, aus der Politik usw.

Präsentation

- Jedes Zweierteam stellt ein Sprichwort, deren Bedeutung und aktuelle Beispiele vor.

Mögliche Anschlussaktivitäten

- **Diskussion:**

> *Warum werden die (biblischen) Sprichwörter auch heute im Alltag so oft verwendet?*

Biblische Redewendungen / Sprichwörter

Sprichwort	Bedeutung	Beispiele
Wer anderen eine Grube gräbt, fällt selbst hinein. (Sprüche 26,27)		
Seinen Freunden gibt er, der Herr, es im Schlaf. (Psalm 127,2)		
Hochmut kommt vor dem Fall. (Sprüche 16,18)		
Alle Wasser laufen ins Meer. (Prediger 1,7)		
Der Mensch denkt und Gott lenkt! (Sprüche 16,9)		

Das Bild von meinem Paradies

Ziel / Leitidee	Schüler setzen sich kreativ mit dem biblischen Bild vom Paradies auseinander
Klassenstufe	7 / 8
Vorbereitung / Material	DIN-A3-Papierbogen in Klassenstärke
Sozialform	Einzelarbeit / gesamte Klasse
Kompetenzbereich	Zeichnen

Hinführung

- Die Lehrperson trägt den biblischen Text *Das Paradies* (langsam und mit Pause nach jedem Satz) vor. Die Schüler schließen dabei die Augen und versuchen, den Inhalt zu visualisieren:

> *Das Paradies*
> *Und Gott pflanzte einen Garten in Eden gegen Osten,*
> *und er setzte dorthin den Menschen, den er gebildet hatte.*
> *Und Gott ließ aus dem Erdboden allerlei Bäume wachsen,*
> *lieblich anzusehen und gut zur Speise; und den Baum des*
> *Lebens in der Mitte des Gartens, und den Baum der*
> *Erkenntnis des Guten und Bösen. Und ein Strom*
> *ging aus von Eden, den Garten zu bewässern; und*
> *von dort aus teilte er sich und wurde zu vier Flüssen.*
> *(Genesis 2,4b – 3,24)*

Hauptphase

- Die Schüler malen ein Bild von ihrem Paradies bzw. zeichnen „Die perfekte Welt".

Präsentation

- Jeder Schüler stellt der Klasse sein Plakat vor. Die Mitschüler dürfen Fragen stellen.

Mögliche Anschlussaktivitäten

- Die Schüler sammeln in einer Partnerarbeit Ideen, wie wir schon jetzt im Alltag einen Beitrag leisten können, damit unsere Welt „paradiesischer" wird.

Biblische Geschichten fortsetzen

Ziel / Leitidee	Schüler überlegen sich Fortsetzungen für biblische Geschichten.
Klassenstufe	7 / 8
Vorbereitung / Material	Arbeitsblatt in Klassenstärke
Sozialform	Einzelarbeit
Kompetenzbereich	Schreiben

Hinführung

> *Worauf kommt es bei einer Fortsetzung (von einem Film, Buch usw.) an?*
> *Was erwarten die Leser / Zuschauer?*

- Die Schüler äußern dazu spontan ihre Ideen. Die Lehrperson hält sie auf der Tafel fest.

Tipp Wer von einer Geschichte o. Ä. eine Fortsetzung schreiben will, muss genau wissen, was vorher passiert ist, damit keine Widersprüche entstehen bzw. der weitere Verlauf logisch ist und zum ersten Teil passt!

Hauptphase

- Die Schüler lesen die Zusammenfassung der biblischen Geschichten (Wenn ein Klassensatz Bibeln vorhanden ist, können die Geschichten auch direkt in den Bibeln gelesen werden). Anschließend wählen sie eine Geschichte aus und verfassen eine passende Fortsetzung.

Präsentation

- Die Schüler geben die Fortsetzungen einem anderen Schüler zum Lesen. Dieser beurteilt den Text nach folgenden Kriterien:

> *Nimmt die Fortsetzung Bezug auf das, was vorher geschah?*
> *Wie logisch ist die Fortsetzung?*
> *Entspricht die Fortsetzung der Botschaft der bisherigen Geschichte?*

Hinweis Machen Sie die Schüler darauf aufmerksam, dass es bei der Beurteilung nicht darum geht, die Texte zu „zerreißen" – die Beurteilung soll positiv-kritisch und wertschätzend ausfallen!

Setze die biblische Geschichte fort 1

„Die Speisung der 5000"
Fünftausend Menschen sind Jesus gefolgt und haben ihn zugehört. Jetzt sind sie weit draußen in der Einöde und haben Hunger. Sie haben nur einen Proviant von fünf Broten und zwei Fischen zur Verfügung. Wie sollen sie davon alle satt werden? Jesus fordert sie zum Teilen auf und plötzlich reicht es für alle. Alle werden satt.
(Matthäus 14,13–21)

_____

_____

_____

_____

_____

_____

_____

_____

_____

_____

_____

_____

_____

_____

_____

_____

_____

_____

_____

_____

_____

Setze die biblische Geschichte fort 2

„Jesus heilt Bartimäus"
Als Jesus in der Stadt Jericho ist, begegnet er auf der Straße einem blinden Bettler.
Dieser bittet ihn, ihn zu heilen und ihn wieder sehend zu machen. Jesus hat Mitleid
mit dem Blinden und heilt ihn. Er kann endlich sehen!
(Markus 10, 46–52)

Setze die biblische Geschichte fort 3

„Das Haus auf Fels oder Sand bauen"

Ein kluger Mann baute sein Haus auf Fels. Als ein großes Unwetter aufzog, stürmte und regnete es heftig. Doch das Haus war stabil gebaut und deshalb überstand es das Unwetter ohne große Schäden. Anders erging es einem anderen Mann: Der hatte sein Haus auf Sand gebaut. Kaum zog das Unwetter auf, fiel das Haus in sich zusammen.
(Matthäus 7, 24–27)

_____

_____

_____

_____

_____

_____

_____

_____

_____

_____

_____

_____

_____

_____

_____

_____

_____

_____

_____

Die Sonntagskampagne

Ziel / Leitidee	Schüler setzen sich kreativ mit den positiven Aspekten des Sonntags-Ruhegebots auseinander
Klassenstufe	7 / 8
Vorbereitung / Material	DIN-A3-Papierbogen in Klassenstärke
Sozialform	Partnerarbeit
Kompetenzbereich	Texten und Zeichnen / Kreativität

Hinführung
- Auf der Tafel steht das Gebot:

„Am siebten Tag sollst du ruhen!"

- Die Schüler überlegen sich **zu zweit,** weshalb dieses Gebot ein Gewinn und eine Chance für unsere Gesellschaft ist. Anschließend kommt jede Gruppe nach vorne und schreibt ein Argument an die Tafel.

Hauptphase
- Die Schüler entwickeln zu zweit oder zu dritt ein Plakat, das **Werbung für den freien Sonntag** macht. Das Plakat sollte mit Texten, Bildern usw. aufzeigen, weshalb der freie Sonntag ein Mehrwert ist bzw. was das Besondere am Sonntag ist.

Tipp Die Schüler erhalten Infos, was ein gutes Plakat ausmacht: Schrift muss gut lesbar sein (nicht zu klein), nicht zu viel Text, keine langen Sätze, nicht zu viele verschiedene Elemente usw.

Präsentation
- Die Schüler stellen ihre Plakate kurz vor. Anschließend wird das schönste Plakat gekürt. Einigen Sie sich vor der Abstimmung mit den Schülern auf die Kriterien

Beispiele

Wie originell ist das Plakat?
Wie sorgfältig wurde es gestaltet?
Ist die Botschaft verständlich?
Ist das Plakat überraschend?
…

Tipp Die Plakate können im Schulhaus, Klassenzimmer, in der Kirche aufgehängt werden. Machen Sie andere Lehrer und Klassen darauf aufmerksam.

Religionen-Tabu

Ziel / Leitidee	Schüler lernen wichtige Begriffe der Weltreligionen kennen bzw. repetieren diese
Klassenstufe	7 / 8
Vorbereitung / Material	–
Sozialform	gesamte Klasse
Kompetenzbereich	Erklären

Hinführung

- Die Klasse wird in zwei bis drei Gruppen aufgeteilt.
- Die Spielregeln werden vorgestellt:

> **Spielregeln**
> *Von jeder Gruppe kommt abwechselnd jemand nach vorne und erklärt den Begriff (dabei dürfen die Tabu-Wörter, d. h. die Begriffe selbst, nicht verwendet werden). Die Gruppe, die den richtigen Begriff zuerst errät, bekommt einen Punkt.*

Hinweis Zusätzliche Herausforderung: Jeder, der den Begriff errät, nennt drei Fachinformationen zum Begriff.

Hauptphase

- Das Spiel startet. Die Schüler erklären der Reihe nach die Begriffe (siehe Arbeitsblatt „Begriffe der Weltreligionen").

Tipp Für mehr Abwechslung oder Tempo können die Begriffe auch gemalt oder Pantomime gespielt werden.

Mögliche Anschlussaktivitäten

- Jeder Schüler erhält einen Begriff und recherchiert im Internet weitere Informationen (Texte, Bilder usw.). Anschließend ist jeder von ihnen in der Lage, eine Minute lang über den Begriff zu referieren.

Begriffe der Weltreligionen

Papst (C)	Moschee (I)	Bibel (C)	Jesus (C)
Chef Rom Vatikan Franziskus	Kirche Gebet Versammlungsort	Buch Neues / Altes Testament Jesus	Wunder Kreuz Auferstehung Sohn Gottes
Synagoge (J)	**Mohammed (I)**	**Tora (J)**	**Rabbiner (J)**
Kirche Moschee Gottesdienst	Jesus Prophet Gründer	Buch Bibel lesen	Pfarrer Gottesdienst Geistlicher
Ramadan (I)	**Ostern (C)**	**Sabbat (J)**	**Sure (I)**
Fastenzeit nichts essen Verzicht	Hase Kaninchen Auferstehung	Samstag Sonntag Ruhetag	Abschnitt Koran Kapitel
Fünf Säulen (I)	**Nächstenliebe (C)**	**Jerusalem**	**Gebetsteppich (I)**
Hauptpflichten Gebote Regeln	Jesus Gebote Samariter	Stadt Israel Tempel	Knien Boden Unterlage

C = Christliche Religion, I = Islamische Religion, J = Jüdische Religion

Interviews mit biblischen Personen

Ziel / Leitidee	Schüler lernen einzelne Personen aus der Bibel näher kennen
Klassenstufe	7 / 8
Vorbereitung / Material	Arbeitsblatt in Klassenstärke
Sozialform	Partnerarbeit
Kompetenzbereich	Interview-Technik

Einführung
- Die Schüler erhalten das Arbeitsblatt und lesen die Beispiele.
- Die Klasse wird in **Zweierteams** aufgeteilt. Jedes Team entscheidet sich gemeinsam für die Person, die sie am meisten interessiert, beeindruckt, irritiert usw.

Hauptphase
- Zu zweit überlegen sich die Schüler sieben bis **zehn Interviewfragen** für die Person, die sie ausgewählt haben. Die Fragen werden aufgeschrieben.
  Jede Gruppe führt die Interviews durch: Person 1 schlüpft in die Rolle der biblischen Person, Person 2 in die Rolle des Interviewers. Nach der Hälfte der Fragen werden die Rollen getauscht.

Tipp Die Schüler werden informiert, dass keine geschlossenen Fragen gestellt werden sollen (Fragen, auf die nur mit ja oder nein geantwortet werden kann). Eventuell ist es auch hilfreich, die Schüler für die „Interview-Technik" zu sensibilisieren (z. B. ein respektvoller Interviewer hört ganz genau zu, lässt sein Gegenüber ausreden, fragt nach, stellt verständliche Fragen usw.).

Ergebnissicherung
- Die Schüler spielen ihre Interviews vor der ganzen Klasse vor. Die anderen dürfen spontan weitere Fragen stellen.

Biblische Personen 1

Noah

Noah bekam von Gott den Auftrag, eine große Arche zu bauen. Rechtzeitig, bevor die Flut kam, war sie fertig und Noah brachte verschiedene Tiere auf die Arche. So wurden er, seine Familie und die Tiere vor der Flut gerettet.
(weitere Informationen: Genesis 6–9)

Interviewfragen

1 _____

2 _____

3 _____

4 _____

5 _____

6 _____

7 _____

8 _____

Maria

Die Mutter von Jesus, sie wurde unerwartet schwanger mit Jesus, obwohl sie noch gar nicht verheiratet war. Sie musste hochschwanger nach Bethlehem reisen und erlebte die Kreuzigung und den Tod von Jesus.
(weitere Informationen: Lukas 1,26–56 / Lukas 2, 42–50)

Interviewfragen

1 _____

2 _____

3 _____

4 _____

5 _____

6 _____

7 _____

8 _____

Biblische Personen 2

Adam

Adam ist der Mann von Eva und der Vater von Kain und Abel. Sie alle gelten als die „ersten Menschen" und wurden aus dem Paradies vertrieben, weil sie gegen Gottes Gebot verstießen.
(weitere Informationen: Genesis 2–5)

Interviewfragen

1 _____

2 _____

3 _____

4 _____

5 _____

6 _____

7 _____

8 _____

Deborah

Die mutige Frau und Prophetin Deborah entschied als Richterin bei Streitereien und sie organisierte den Kampf gegen einen König, der sie und ihr Volk unterdrückte.
(weitere Informationen: Buch der Richter, 4–5)

Interviewfragen

1 _____

2 _____

3 _____

4 _____

5 _____

6 _____

7 _____

8 _____

Biblische Personen 3

Moses

Moses führte die Israeliten aus der ägyptischen Sklaverei auf einem beschwerlichen Weg durch die Wüste in die Freiheit bzw. in das Land, das Gott für sie vorgesehen hatte. Er erlebte dabei zahlreiche Widerstände. Gott erschien Moses in einem brennenden Dornbusch und übermittelte die Zehn Gebote.
(weitere Informationen: 2. Buch Moses 3,1–22)

Interviewfragen

1 _____

2 _____

3 _____

4 _____

5 _____

6 _____

7 _____

8 _____

Martha

Sie und ihre Schwester wurden von Jesus besucht. Maria setzte sich zu ihm und hörte ihm zu, Martha hingegen bewirtete ihn. Anstatt ihm auch zuzuhören, hetzte sie herum. Als sie mit ihrer Schwester Maria schimpfte, sagte Jesus, dass Maria den besseren Teil gewählt hat.
(weitere Informationen: Lukas 10,38–42)

Interviewfragen

1 _____

2 _____

3 _____

4 _____

5 _____

6 _____

7 _____

8 _____

Das konfliktfreie Streitgespräch

Ziel / Leitidee	Schüler lernen die Regeln der respektvollen Kommunikation als Beispiel für einen respektvollen Umgang mit den Menschen kennen
Klassenstufe	7 / 8
Vorbereitung / Material	Plakate / Arbeitsblatt in Klassenstärke
Sozialform	Gruppenarbeit / Einzelarbeit
Kompetenzbereich	Brainstorming / Lesen

Einführung
- Die Klasse wird in Kleingruppen aufgeteilt.
- Jede Gruppe überlegt sich, in einem **Brainstorming,** worauf in der mündlichen und schriftlichen Kommunikation geachtet werden muss, damit es nicht zu Konflikten kommt.
- Jede Gruppe stellt ihre Ergebnisse vor.

> **Hinweis** Leistungsstarke Klassen könnten sich an dieser Stelle auch mit dem Unterschied zwischen mündlicher und schriftlicher Kommunikation bzw. der jeweiligen positiven und negativen Seiten beschäftigen.

Hauptphase
- Die Schüler erhalten das Arbeitsblatt und streichen in einer **Einzelarbeit** darauf alle falschen Empfehlungen durch.

Ergebnissicherung
- Die Lösungen werden im Klassenverband kontrolliert.

Mögliche Anschlussaktivitäten
- Die Schüler üben zu zweit ein **konkretes Streitgespräch** ein, in dem beide Beteiligten einander respektvoll behandeln.

Name: Klasse: Datum:

Regeln für respektvolle Gespräche

1. Am besten sollte man möglichst viel reden, so kann der andere keine Fragen stellen.

2. Wir lassen uns gegenseitig ausreden. Niemand fällt dem anderen ins Wort.

3. Wenn etwas unklar ist, sofort unterbrechen und ins Wort fallen.

4. Wer zu lange redet, gibt dem anderen kaum die Chance, selber etwas zu sagen. Am besten ist, sich so kurz wie möglich zu fassen.

5. Wichtig: Dem anderen gut zuhören und sich auf seine Worte konzentrieren.

6. Wenn wir etwas nicht verstehen, unterbrechen wir kurz und fragen nach. Das zeigt dem anderen unser Interesse.

7. Mit verschränkten Armen, energischem Kopfschütteln usw. lässt sich gut sichtbar machen, was man denkt.

8. Wir melden uns zu Wort, wenn wir etwas sagen möchten, und plappern nicht einfach darauf los.

9. Wenn wir dem anderen etwas sagen, blicken wir ihn an.

10. Es ist unhöflich, sich schon mit etwas anderem zu beschäftigen, wenn der andere noch erzählt.

11. Es empfiehlt sich, durch Lachen, Aufstöhnen, Augenverdrehen und Grimassen dem anderen zu zeigen, was man denkt und fühlt.

Lösungen
1., 3. 7. und 11. sind falsch.

Die spirituelle SMS

Ziel / Leitidee	Schüler verfassen spirituelle Kurztexte, Impulse und Gebete in SMS-Form
Klassenstufe	7 / 8
Vorbereitung / Material	–
Sozialform	Einzelarbeit
Kompetenzbereich	Schreiben / Kreativität

Hinführung

- Auf der Wandtafel stehen drei **SMS-Beispiele:**

> *1) Rückblick auf den heutigen Tag: Wie oft habe ich gelächelt?*
>
> *2) Ich bitte für alle Menschen, die sich vor dem heutigen Tag fürchten. Lass sie nicht allein.*
>
> *3) Jesus hat gesagt: „Liebe deinen nächsten wie dich selbst." – Wie könntest du dieses Gebot heute umsetzen?*

- Kurzes **Unterrichtsgespräch:**

> *Um was für eine Art von SMS handelt es sich?*
>
> *Was ist das Besondere daran?*
>
> *Was bezwecken sie?*
>
> *Warum können sie eine Hilfe sein?*
>
> *Was ist die Herausforderung, eine solche SMS zu schreiben?*

Hauptphase

- Die Schüler **verfassen** mehrere spirituelle Kurznachrichten (max. 180 Zeichen).

Auswertung

- Alle **lesen** einen ihrer verfassten Texte vor.

Mögliche Anschlussaktivitäten

- Eine Auswahl der Texte kann anschließend als SMS verschickt oder via Twitter getwittert werden (Achtung: Schulhausregeln beachten!)

> **Tipp** Die Schüler können auch ein oder mehrere Themen als inhaltliche Vorgabe erhalten, z.B. eine SMS zu einem aktuellen Kirchenfest (Weihnachten, Ostern, Namenstag usw.) oder jeder bekommt die Aufgabe, eine SMS für eine bestimmte Uhrzeit zu verfassen.

ABC der Nächstenliebe

Ziel / Leitidee	Schüler überlegen sich konkrete Beispiele, wie Nächstenliebe im Alltag gelebt werden kann
Klassenstufe	7 / 8
Vorbereitung / Material	Arbeitsblatt in Klassenstärke
Sozialform	Einzel- oder Partnerarbeit / gesamte Klasse
Kompetenzbereich	Schreiben, Interpretieren

Hinführung
- Auf der Wandtafel steht das **Bibelzitat:**

> *„Du sollst deinen Nächsten lieben wie dich selbst"* (MK 12,31)

- Was bedeutet dieses Gebot? Die Schüler schreiben ihre Gedanken, Beispiele und Meinungen auf ein **Post-it,** kommen anschließend nach vorne, lesen es vor und heften es an die Tafel.

Hauptphase
- Die Schüler überlegen sich **alleine oder zu zweit** für jeden Buchstaben eine Idee, wie sie Nächstenliebe im Alltag leben könnten (es sind vor allem ganz konkrete Ideen gesucht).
- Jedes Team wählt aus seinen Ideen die fünf überzeugendsten aus und streicht sie an.

Auswertung
- Die Ergebnisse werden stichprobenartig verglichen und gefragt:

> *Welche Idee habt ihr?*

Die anderen dürfen die Ideen kommentieren:

> *Ist es leicht, die Idee umzusetzen?*
> *Was sind die Herausforderungen?*
> *Warum ist es nicht selbstverständlich?*
> *…*

Mögliche Anschlussaktivitäten
- **Unterrichtsgespräch:**

> *Wo und wie sind die Schüler in nächster Zeit gelebter Nächstenliebe begegnet?*

ABC der Nächstenliebe 1

A _____

B _____

C _____

D _____

E _____

F _____

G *eld für Menschen in Not spenden* _____

H _____

I _____

J _____

K _____

L _____

M _____

N _____

ABC der Nächstenliebe 2

O _____

P _____

Q _____

R _____

S _____

T _____

U _____

V _____

W _____

X _____

Y _____

Z _____

Gewissenskonflikte

Ziel / Leitidee	Schüler setzen sich anhand konkreter Knobelbeispiele mit der Herausforderung von Gewissenskonflikten auseinander
Klassenstufe	7 / 8
Vorbereitung / Material	–
Sozialform	Partnerarbeit / gesamte Klasse
Kompetenzbereich	Argumentieren

Hinführung

• Die Schüler werden mit einem Gewissenskonflikt konfrontiert (mündlich):

> *Anna ist mit ihrer Freundin verabredet. Nun fällt ihr ein, dass zur gleichen Zeit im Fernsehen das Finale ihrer Lieblingscasting-Sendung läuft. Die will sie auf keinen Fall verpassen. Was soll sie machen?*

• Die Schüler kommen nach vorne und schreiben die Gedanken an die Tafel, die Anna durch den Kopf gehen:

> *Was spricht dafür?*
> *Was dagegen?*

Hauptphase

• Nun werden die folgenden Dilemma-Situationen vorgelesen. Welche Entscheidung ist richtig? Die Schüler diskutieren während ca. fünf Minuten jede Situation **zu zweit,** anschließend folgt die Analyse im Klassenverband.

Konflikt 1: Eine Mücke schwirrt durchs Zimmer. Sie hat noch niemanden gestochen. Soll Marvin sie töten oder leben lassen?

Konflikt 2: Lena beobachtet im Supermarkt eine ältere Frau, die ziemlich verwahrlost und arm aussieht, beim Klauen: Sie lässt eine Packung Reis in ihrer Tasche verschwinden. Wer in diesem Supermarkt Diebe meldet, erhält einen Gutschein zur Belohnung. Soll sie melden oder nicht?

Konflikt 3: Beim Fußballspielen macht Tim ein Schulhausfenster kaputt. Er hat in letzter Zeit schon einige Strafen kassiert und nun droht ihm der Schulverweis. Soll er die Schuld auf seinen Kumpel schieben?

- Die Schüler erfinden zu zweit weitere Beispiele und konfrontieren anschließend die Klasse damit.

Alternative
- Jede Gruppe kann ein Dilemma in einem Rollenspiel vorspielen. Die anderen Schüler nehmen spontan Stellung. Notieren Sie die Pro- und Contra-Argumente an der Tafel. Anschließend wird mit Handzeichen abgestimmt. Nun verraten die Erfinder des Dilemmas, welche Lösung sie bevorzugt haben, und begründen ihre Antwort. Gibt es für das Dilemma tatsächlich keine „Lösung", machen Sie ein kurzes Brainstorming in der Klasse, wie das Dilemma doch noch „aufgelöst" werden könnte.

Auswertung
- **Unterrichtsgespräch:**

Bei welchen der diskutierten Dilemma-Situationen fiel es den Schülern es am schwersten, zu einer Entscheidung zu gelangen?
Ist es möglich, auf so etwas wie „objektive Kriterien" zurückzugreifen, die einem bei der Entscheidung helfen können?

Mein Traumberuf: Pfarrer

Ziel / Leitidee	Schüler setzen sich mit dem Beruf des Pfarrers auseinander
Klassenstufe	7 / 8
Vorbereitung / Material	Arbeitsblatt
Sozialform	Einzel- und Partnerarbeit / gesamte Klasse
Kompetenzbereich	Fremd- und Selbsteinschätzung

Hinführung

- Die Schüler schreiben während fünf Minuten zu zweit möglichst viele Aufgaben auf, die ein Pfarrer in seinem Beruf wahrnimmt. Welches Team findet am meisten Beispiele?

 Tipp Wenn ein Schüler sein Fest nicht kennt, darf er nach vorne kommen und die Lehrkraft um weitere Infos bitten.

Hauptphase

- Die Schüler erhalten das Arbeitsblatt „Anforderungen" und füllen es aus.

Auswertung

- Die Ergebnisse der ersten Spalte (Pfarrer) werden verglichen. Gibt es Unterschiede bei den Ergebnissen? Die Schüler diskutieren miteinander.
- Wären die Schüler für den Beruf des Pfarrers geeignet? Alle wählen drei Kriterien aus, die dafür und die dagegen sprechen.

Mögliche Anschlussaktivitäten

- Die Schüler schreiben einen Text zu der Frage:

Worauf würde ich als Pfarrer achten bzw. was würde ich in der Kirche verändern?

Tipp Die Texte dürfen Utopien enthalten, doch die Schüler sollten in ihren Texten beachten, dass ein Pfarrer die Kirche nicht von Grund auf neu erfinden kann bzw. dass viele Rituale usw. auf die Bibel oder Traditionen zurückgehen und sie ihnen nicht widersprechen dürfen.

Mein Traumberuf: Pfarrer – Anforderungen

Zeichne je nach Höhe der Anforderung ein bis fünf Kreuzchen in die Kästchen.

	Ein Pfarrer sollte sein:	Ich bin:
neugierig		
zuverlässig		
spontan		
kreativ		
redegewandt		
Schreibtalent		
humorvoll		
Anstand		
religiös		
kann Geheimnis behalten		
kann andere motivieren		

31

Die tanzenden Derwische

Ziel / Leitidee	Schüler lernen den Ritus der tanzenden Derwische kennen, einen muslimischen Brauch, der zum UNESCO-Kulturgut erhoben wurde
Klassenstufe	9 / 10
Vorbereitung / Material	Arbeitsblatt
Sozialform	Einzelarbeit / Partnerarbeit / gesamte Klasse
Kompetenzbereich	Lesen

Hinführung

- Zeichnen Sie folgende Icons an die Tafel:

- Alle Icons symbolisieren spirituelle „Aktivitäten" der Weltreligionen. Die Schüler nennen davon exemplarisch einige.

Beispiele

> *Lieder singen*
> *Kniebeuge im Gottesdienst*
> *…*

- Kurzes Unterrichtsgespräch:

> *Welche Bedeutung / Funktion haben diese spirituellen „Bewegungen"?*
>
> (Antwort: Glauben leben bzw. auch körperlich Glauben erfahren und ausdrücken, sichtbar machen, was man glaubt oder fühlt usw.)

Alternative

- Zeigen Sie den Schülern ein Video von den tanzenden Derwischen (im Internet zu finden). Die Schüler äußern ihre Eindrücke.

Hauptphase

- Die Schüler erhalten das Arbeitsblatt und lesen es.
- Schreiben Sie die Interpretationsfragen an die Tafel:

Welche Symbole kommen bei den Tanzenden Derwischen vor und was bedeuten sie?

Welche Glaubensinhalte des Islam kommen durch die Tanzenden Derwische zum Ausdruck?

- Die Schüler besprechen die Fragen zu zweit.

Mögliche Anschlussaktivitäten

- **Unterrichtsgespräch:**

Warum kann auch Tanzen spirituell sein?

Was hat Tanzen mit Religion zu tun?

Die tanzenden Derwische

2005 wurde der Ritus der tanzenden Derwische in die UNESCO-Liste der Meisterwerke des mündlichen und immateriellen Erbes der Menschheit aufgenommen.

Der muslimische Mevlevi-Orden praktiziert den Tanz der Derwische. Es handelt sich um einen Tanz, der aus kreisenden Bewegungen besteht, die einer bestimmten Symbolik folgen. Der Tanz gilt als eine Form der Annäherung zu Allah. Zu Beginn steht der Scheich auf einem roten Fell. Dieses stellt den Mittelpunkt der Welt dar. Alle Tänzer tragen über ihrem weißen Gewand einen schwarzen Umhang. Der Umhang ist ein Bild für das Grab, die Kopfbedeckung stellt den Grabstein des Ego dar und die weißen Gewänder symbolisieren die Leichentücher des Egos. Wenn die Tänzer ihre Umhänge ausziehen, entspricht dies einer „spirituellen Wiedergeburt". Der Scheich segnet die Tänzer. Anschließend legen diese das Grabtuch ab und beginnen sich zu drehen. Dieses Kreisen symbolisiert den Urzustand eines jeden Atoms bis hin zu den Galaxien des Universums.

Zuerst kreuzt der Tanzende Derwisch seine Arme und formt damit die Zahl Eins („Die Einheit Gottes"). Wenn er sich im Kreis dreht, sind seine Arme weit ausgebreitet. Sein rechter Arm weist Richtung Himmel, bereit, die Gunstbeweise ALLAHs entgegenzunehmen. Seine linke Hand, auf die seine Augen geheftet sind, zeigt zur Erde, um den Segen in dieser Welt zu verteilen. Er dreht sich von rechts nach links um die eigene Achse – sein Herz – und umschließt so die ganze Menschheit in Liebe.

Das Ritual der Tanzenden Derwische ist ein Sinnbild für die spirituelle Reise des Menschen zur Begegnung mit der Wahrheit und dem Erlangen der Vollkommenheit. Nach dem Tanz kehrt der Derwisch zurück und soll die Fähigkeit erhalten haben, zu lieben und der ganzen Schöpfung mit all ihren Geschöpfen zu dienen.

Heute nehmen auch Frauen am Tanz teil, früher war er nur Männern vorbehalten.

Mein Lebensrückblick

Ziel / Leitidee	Schüler setzen sich in einem fiktiven Lebensrückblick damit auseinander, was im Leben wichtig und wesentlich ist und werden für die Kostbarkeit des Lebens und der Zeit, die uns zur Verfügung steht, sensibilisiert
Klassenstufe	9 / 10
Vorbereitung / Material	Papier in Klassenstärke
Sozialform	Einzelarbeit
Kompetenzbereich	Kreatives Schreiben

Hinführung
- Jeder Schüler vervollständigt auf einem Post-it folgenden Satz:

> *„In 70 Jahren will ich …"*

- Jeder Schüler liest seinen Satz vor.
- Gemeinsames **Brainstorming:** Welche Arten von „Lebenszielen" gibt es? (Beruflicher Erfolg, Reichtum, Gesundheit, Familienglück usw.). Protokollieren Sie die Antworten stichwortartig an der Tafel.

Alternative
- Die Schüler machen eine Phantasiereise: Sie stellen sich vor, siebzig Jahre älter zu sein:

> *Wie fühle ich mich körperlich?*
> *Was geht in meinem Kopf vor?*
> *Was macht mich traurig?*

- Lassen Sie meditative Musik laufen und die Schüler können dazu im Zimmer herumspazieren.

Hauptphase
- Die Schüler verfassen einen **schriftlichen Lebensrückblick,** der mit dem Satz beginnt:

> *„Nun bin ich 82 …"*

Auswertung
- Die Schüler lesen ihren Lebensrückblick vor.

Mögliche Anschlussaktivitäten

- **Diskussion** im Klassenverband:

Welche Tipps gibt uns die Bibel zur Lebensgestaltung?
Worauf kommt es an, aus welchen Gründen kann man am Ende des Lebens zufrieden zurückschauen?
Was bereuen Menschen im Alter am meisten?
Welche Ziele möchtest du unbedingt erreicht haben?
Was soll in deinem Leben höchste Priorität haben?

- Ein erfolgreicher Bestseller trägt den Titel *Die 5 Dinge, die Sterbende am meisten bereuen (Bronnie Ware* 2013). Kurze Diskussion in der Klasse:

Welche fünf Dinge könnten das sein?

(Botschaft des Buches:
zu viel gearbeitet haben;
falsche Prioritäten gesetzt haben, nicht das getan zu haben, was man wirklich will und was einen glücklich macht;
zu wenig Zeit in Freundschaft investiert)

Warum wird ein Buch zu diesem Thema zum internationalen Bestseller?
Warum intersessiert/beschäftigt das Thema heute so viele Menschen?

Predigt: Mein Appell an alle

Ziel / Leitidee	Schüler lernen die Textgattung der Predigt kennen, verfassen eine persönliche Predigt und schulen ihre Präsentationsfähigkeiten durch den Vortrag
Klassenstufe	9 / 10
Vorbereitung / Material	Arbeitsblatt
Sozialform	Einzelarbeit
Kompetenzbereich	Schreiben / Präsentieren

Hinführung
- Die Schüler äußern spontane Statements zur Frage:

> *Was ist Sinn und Zweck einer Predigt?*

Die Statements halten Sie stichwortartig auf der Tafel fest.
- Die Schüler hören oder lesen eine Predigt (Sie können z. B. das Video der aktuellen „Wort zum Sonntag"-Predigt zeigen – auf der Homepage der Sendeanstalt ARD oder bei YouTube verfügbar.)
- Die Schüler benennen im Plenum die Charakteristika einer Predigt.

Hauptphase
- Die Schüler verfassen eine persönliche Predigt, indem sie sich für eine benachteiligte Gesellschaftsschicht oder eine Umweltthematik einsetzen. Sie können das Thema selber wählen. Die Predigt sollte jedoch in einen christlichen Gottesdienst passen.

Präsentation
- Drei bis fünf Freiwillige tragen ihre Predigt vor der Klasse (stehend) vor.
- Die Mitschüler bewerten jede Predigt nach folgenden Kriterien – diese Kriterien werden an die Tafel geschrieben:

> *Welche Botschaft wurde vermittelt?*
> *Ist die Botschaft klar verständlich?*
> *Konnte man gut folgen?*
> *Ist die Predigt logisch aufgebaut?*
> *Was hat die Schüler beeindruckt?*

Tipp Den Schülern wird nahe gelegt, nur konstruktive Kritik zu äußern (evtl. in Erinnerung rufen, was genau eine konstruktive Kritik ist). Das Positive an jedem Beitrag soll zuerst hervorgehoben werden.

Beispiel-Predigt

Verschwende deine Zeit!

Über 80 Jahre beträgt mittlerweile die durchschnittliche Lebenserwartung in Deutschland. Die Menschen leben immer länger und haben damit immer mehr Zeit zur Verfügung, ihre Träume zu verwirklichen. Doch, liebe Jugendliche, tun sie das – tut ihr das? Sind die Menschen am Ende des Lebens heute wirklich zufrieden?

In der Bibel ist an mehreren Stellen zu lesen, dass die Zeit ein Geschenk ist – ein Geschenk Gottes. Ein kostbares Geschenk, ein Geschenk, mit dem wir sorgsam umgehen sollen. Ein Tag hat 24 Stunden, nicht mehr und nicht weniger, eine Woche hat sieben Tage. Aber wie viele Minuten davon leben wir wirklich? Vergessen wir nicht viel zu oft, wie kostbar unsere Zeit ist?

„Verschwende deine Zeit" heißt ein Lied der deutschen Band Silbermond. Dieser Titel ist keine Aufforderung, verschwenderisch mit der Zeit umzugehen, sondern macht auf etwas aufmerksam, das uns auch die Bibel vermitteln möchte: die Zeit nur für Dinge zu verschwenden, die wichtig sind!

Todesstrafe: Ja? Nein?

Ziel / Leitidee	Schüler setzen sich mit der Todesstrafe und verschiedenen politischen Haltungen dazu auseinander
Klassenstufe	9 / 10
Vorbereitung / Material	Arbeitsblatt
Sozialform	Einzelarbeit
Kompetenzbereich	Schreiben / Präsentieren

Hinführung

- Warum gibt es die Todesstrafe heute selbst in Ländern, für die sonst die Menschenrechte selbstverständlich sind? Kurzes Brainstorming mit den Schülern. Notieren Sie auf der linken Tafel alle Argumente für die Todesstrafe und auf der rechten Tafel alle Argumente gegen die Todesstrafe.

> **Hinweis** Die Argumente müssen nicht der persönlichen Meinung der Schüler entsprechen. Das Brainstorming soll möglichst viele Argumente, die bei der Diskussion um die Todesstrafe immer wieder erwähnt werden, aufzählen.

Hauptphase

- Die Schüler recherchieren im Internet auf folgenden Homepages: www.todesstrafe.de, www.amnesty.de und www.acat-deutschland.de / webseite_archiv / Todesstrafe.html.
- Die Schüler sollen bei der Recherche Antworten auf folgende Fragen finden:

> *Welche Zahlen / Fakten zur Todesstrafe werden auf der Homepage vermittelt?*
> *Überzeugen dich die Argumente / Fakten – ja / nein (inkl. Begründung)?*

- Die Schüler fassen die wichtigsten Informationen in einem Cluster zusammen.

Diskussion

- Drei Schüler werden ausgewählt und warten vor der Tür.
- Nun stellen sich diese drei Schüler in einer „Polit-Arena" der Diskussion. Sie versuchen, die Klasse davon zu überzeugen, die Todesstrafe abzuschaffen. Die Klasse widerspricht und stellt ihnen Fragen.
- Nach fünf bis sieben Minuten ist der nächste Schüler an der Reihe.

> **Tipp** Bevor die Diskussion startet, sollten alle auf „Regeln der fairen Diskussion" aufmerksam gemacht werden (evtl. an der Tafel festhalten): z. B. den anderen ausreden lassen, nicht ausfällig werden, sich nicht lustig machen.

Eine Kirchenzeitung entwickeln

Ziel / Leitidee	Schüler setzen sich auf journalistische Weise mit dem Thema Religion / Kirche auseinander
Klassenstufe	9 / 10
Vorbereitung / Material	1 Tageszeitung / Papier / evtl. Internet
Sozialform	Einzelarbeit / gesamte Klasse
Kompetenzbereich	Schreiben / Recherchieren / Präsentieren

Hinführung

- Eine Tageszeitung wird unter den Schülern aufgeteilt.
- Jeder Schüler berichtet der Klasse:

> *Welche Rubrik ist auf seiner Seite (Nachrichten, Politik, Buchtipps usw.) zu finden?*
> *Welche Meldung gibt es auf seiner Seite zu lesen?*

- Welche Rubriken, Inhalte sind wohl in einer Kirchenzeitung zu finden? Sammeln Sie als „Redaktionsleitung" im Klassenverband die Rubriken und halten Sie diese an der Tafel fest. Als Input können Sie anschließend das Arbeitsblatt mit den Rubriken verteilen.
- Die Schüler schlagen eigene Themen vor.
- Der Inhalt wird demokratisch geplant und die Beiträge verteilt.

Hauptphase

- Die Schüler erarbeiten ihren Beitrag in Einzelarbeit. Sie können das Internet als Recherchemedium verwenden, Mitschüler oder andere interviewen usw.

Tipp Falls zu wenig Zeit zur Verfügung steht, könnte die „Hinführung" zur „Hauptphase" ausgebaut werden: Ziel der Stunde ist, grundsätzlich zu überlegen, wie eine Kirchenzeitung aufgebaut ist und welches Anliegen eine Kirchenzeitung verfolgt.

Ergebnissicherung

- Die Schüler stellen ihre Beiträge vor. Die Beiträge können an die Tafel gehängt oder auf ein großes Plakat geklebt werden. Alternativ können alle Beiträge in einem Blog veröffentlicht werden.

Rubriken-Ideen

Rubrik	Thema	Wer macht es?
News / Nachrichten		
Interviews		
Kirche vor Ort		
Porträts		
Kirche weltweit		
Witze		
Für Kinder		
Veranstaltungs-hinweise / Gottesdienste		
Spendenaufruf		
Leserbriefe		
Medienhinweise: TV / Bücher usw.		
Predigt / Impulse		

Berühmte Gemälde interpretieren

Ziel / Leitidee	Schüler setzen sich mit bekannten Darstellungen von biblischen Motiven auseinander
Klassenstufe	9 / 10
Vorbereitung / Material	–
Sozialform	Partnerarbeit
Kompetenzbereich	Interpretieren

Hinführung

- Auf Folie oder per Hellraumprojektor werden die Schüler mit der Zeichnung eines berühmten Gemäldes konfrontiert. Zunächst erfahren sie nichts über Maler, Titel und Inhalt. Geben Sie den Schülern fünf Minuten Zeit, das Bild zu betrachten.

> **Hinweise** Bei den Arbeitsblättern handelt es sich um Leonardo da Vinci: *Das letzte Abendmahl;* Pieter Bruegel: *Turmbau zu Babel;* Rembrandt: *Rückkehr des verlorenen Sohnes;* Frans II Franken: *Exodus.*

- Die Schüler überlegen sich ein zum Bild passendes Adjektiv. Eine Kreide zirkuliert. Wer die Kreide bekommt, geht nach vorne und schreibt sein Adjektiv an die Tafel. Achtung: Jedes Adjektiv darf nur einmal an die Tafel geschrieben werden!

Hauptphase

- In Kleingruppen (drei bis vier Personen) diskutieren die Schüler die Impulsfragen. Nach jeder Impulsfrage erhalten sie fünf Minuten Zeit:

> *Was war mein erster Eindruck?*
> *Welche Gefühle werden auf dem Bild ausgedrückt?*
> *Was für Personen sind zu sehen?*
> *Welche biblische Erzählung wird dargestellt?*

Auflösung

- Lesen Sie (oder ein Schüler) nun die biblische Geschichte vor, die auf dem Bild dargestellt ist, lassen Sie Maler und Gemälde erraten und diese zum Abschluss im Internet suchen.

Mögliche Anschlussaktivitäten

- Die Schüler verfassen aus der Sicht eines „Kunstkritikers" eine schriftliche Besprechung des Bildes.

Berühmte Gemälde 1

Berühmte Gemälde 2

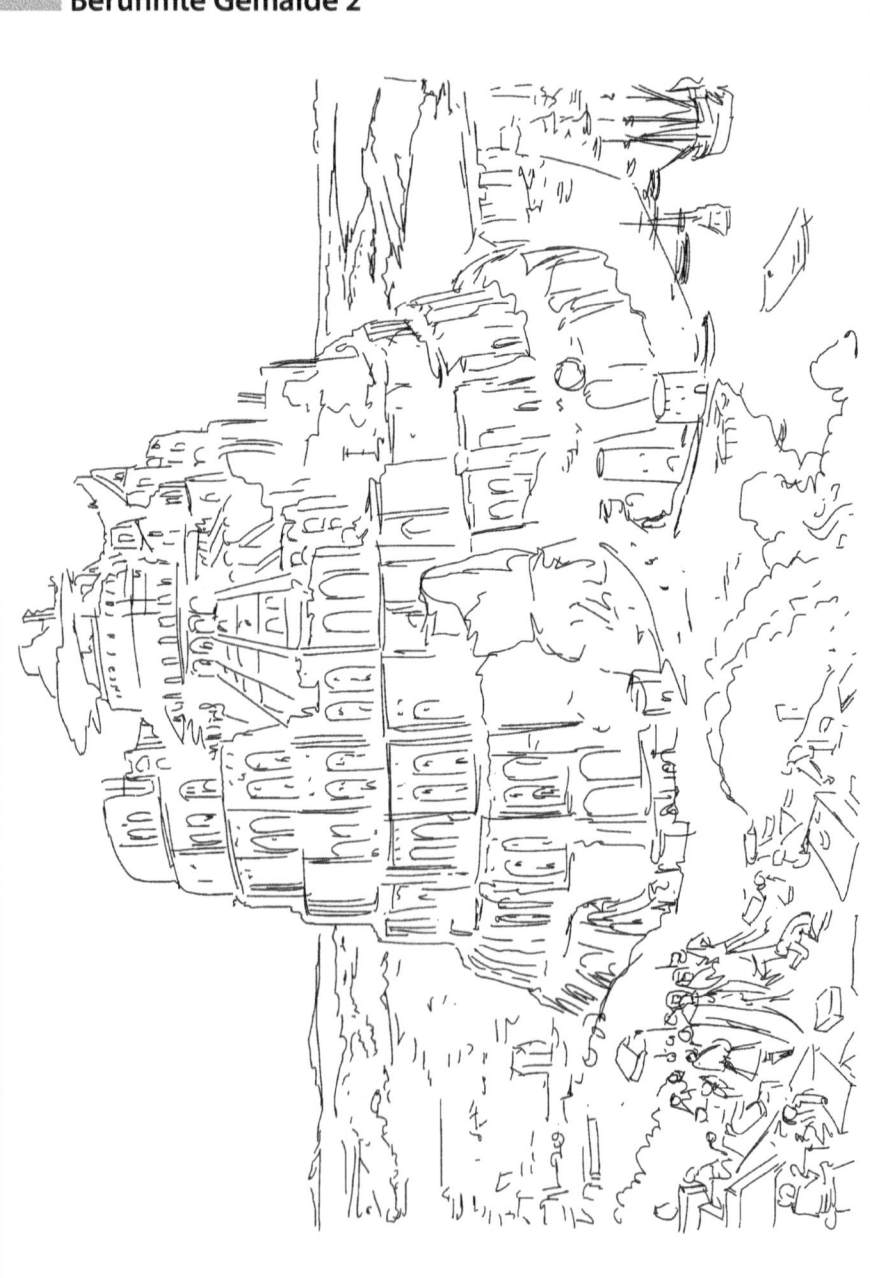

Berühmte Gemälde 3

Zehn Gebote des Internets

Ziel / Leitidee	Schüler wenden die Zehn Gebote auf das Internet an
Klassenstufe	9 / 10
Vorbereitung / Material	Arbeitsblatt in Klassenstärke
Sozialform	Partnerarbeit
Kompetenzbereich	Interpretieren

Hinführung

• Die Schüler benennen zu zweit die Zehn Gebote und schreiben sie auf ein Blatt. Welches Team findet am meisten heraus?

Hauptphase

• Die Schüler erhalten das Arbeitsblatt und überlegen zu zweit, was das jeweilige Gebot für unser Verhalten im Internet bedeutet.

Tipp Bevor die Arbeit startet, liest ein Schüler die Zehn Gebote einmal laut vor. Damit alle die Botschaft des jeweiligen Gebotes richtig verstehen, kann bei den Geboten 2, 9 und 10 ein kurzer Kommentar hilfreich sein.

Ergebnissicherung

• Im Klassenverband werden die Ergebnisse gesichert und diskutiert.

Mögliche Anschlussaktivitäten

• Diskutieren Sie mit den Schülern im Plenum:

Wie wäre die Atmosphäre im Internet, wenn sich alle an diese Zehn Gebote halten würden? Was wäre im Internet anders?

Die Zehn Gebote

Gebot	Bedeutung im Internet
1. Ich bin der Herr, dein Gott. Du sollst keine anderen Götter haben neben mir.	
2. Du sollst den Namen des Herrn, deines Gottes, nicht missbrauchen.	
3. Du sollst den Feiertag heiligen.	
4. Du sollst deinen Vater und deine Mutter ehren.	
5. Du sollst nicht töten.	
6. Du sollst nicht ehebrechen.	
7. Du sollst nicht stehlen.	
8. Du sollst nicht falsch Zeugnis reden wider deinen Nächsten.	
9. Du sollst nicht begehren deines Nächsten Haus.	
10. Du sollst nicht begehren deines Nächsten Weib, Knecht, Magd, Vieh noch alles, was dein Nächster hat.	

Kirchengeschichte-Rallye

Ziel / Leitidee	Schüler bringen wichtige Ereignisse der Kirchengeschichte in die richtige Reihenfolge
Klassenstufe	9 / 10
Vorbereitung / Material	Arbeitsblatt in Klassenstärke
Sozialform	Einzelarbeit
Kompetenzbereich	Lesen

Hauptphase

- Auf der Tafel steht ein **Zeitstrahl,** der beim Jahr „3 / 4 v. Christus" beginnt und mit dem aktuellen Jahr endet.

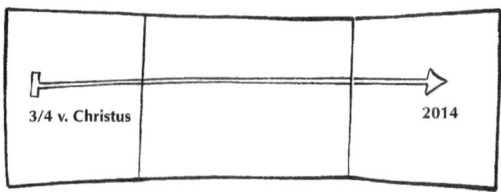

- Die Schüler nennen wichtige Ereignisse aus der Kirchengeschichte und erklären, warum diese von Bedeutung für die Entwicklung der Kirche waren.

Tipp Findet die Stunde im Informatikraum statt, können die Schüler live im Internet recherchieren. Alternativ können auch Geschichtsbücher, Arbeitsunterlagen aus dem Geschichts- oder Religionsunterricht verwendet werden. Doch nach dem Einstieg werden die Bücher weggelegt.

Hauptphase

- Die Schüler erhalten das **Arbeitsblatt** und füllen es aus.

Ergebnissicherung

- Die Ergebnisse werden im Klassenverband geprüft.

Mögliche Anschlussaktivitäten

- Die Schüler recherchieren im Internet über ein Ereignis aus der Kirchengeschichte.

Kirchengeschichte

Jahr	Ereignis
3 / 4 v. Chr.	
30 (1)	
(2)	
ca. 35	
380	
4. Jahrhundert	
1054	
12. und 13. Jahrhundert	
1483	
1517	
1555	

Ereignisse
Kreuzzüge
Geburt Jesus
Tod – Auferstehung Jesus
Reformation
Geburt Martin Luther
Pfingsten (Gründung der Kirche)
Missionsreisen des Apostel Paulus
Gründung der ersten Klöster
„Augsburger Religionsfriede"
„Große Schisma"
Konstantinische Wende

Kirchengeschichte – Lösungen

Jahr	Ereignis
3 / 4 v. Chr.	Jesus Geburt
30 (1)	Tod und Auferstehung
(2)	Pfingsten
ca. 35	Missionsreisen des Paulus
380	Konstantinische Wende
4. Jahrhundert	Gründung der ersten Klöster
1054	„Großes Schisma"
12. und 13. Jahrhundert	Kreuzzüge
1483	Geburt Martin Luther
1517	Reformation
1555	„Augsburger Religionsfrieden"

Bilder zur Bergpredigt

Ziel / Leitidee	Schüler setzen sich kreativ mit der Botschaft der Bergpredigt von Jesus auseinander und machen sich die aktuelle Bedeutung bewusst
Klassenstufe	9 / 10
Vorbereitung / Material	Papier in Klassenstärke
Sozialform	Einzelarbeit
Kompetenzbereich	Zeichnen

Hinführung

- Lesen Sie den Schülern die Bergpredigt vor. Machen Sie nach jedem Abschnitt eine kurze Pause. Die Schüler äußern spontan ein paar Stichworte. Dann folgt der nächste Abschnitt.
- Interpretieren Sie im Klassenverband den Text, halten Sie die Ergebnisse stichwortartig an der Tafel fest:

Welche Menschen kommen im Text vor?
Welches Ziel verfolgt Jesus mit seiner Bergpredigt?

Hauptphase

Die Schüler wählen einen Abschnitt aus und gestalten ein Bild dazu. **Leitfrage:**

Wo und wie begegnen wir in der Gegenwart Betroffenen, von denen in diesem Abschnitt die Rede ist?

Alternative

- Anstatt einer Zeichnung können die Schüler auch Collagen anfertigen: Dazu suchen sie Fotos, Grafiken, Schlagzeilen usw. im Internet, in Zeitschriften usw. und kleben sie auf ein DIN-A3-Blatt.

Präsentation

- Lesen Sie die Bergpredigt nochmals vor (oder wählen Sie einen Schüler dafür aus), wie zu Beginn mit Pausen nach jedem Abschnitt. Nach jedem Abschnitt stellen Schüler die Bilder, die sie dazu gemalt haben, vor.

Bergpredigt (Evangelium nach Matthäus 5,1–7,12)

Als Jesus die vielen Menschen sah, stieg er auf einen Berg. Er setzte sich, und seine
Jünger traten zu ihm. Dann begann er zu reden und lehren:
Er sagte: Selig, die arm sind vor Gott;
denn ihnen gehört das Himmelreich.

Selig die Trauernden;
denn sie werden getröstet werden.

Selig, die keine Gewalt anwenden;
denn sie werden das Land erben.

Selig, die hungern und dürsten nach der Gerechtigkeit;
denn sie werden satt werden.

Selig die Barmherzigen;
denn sie werden Erbarmen finden.

Selig, die ein reines Herz haben;
denn sie werden Gott schauen.

Selig, die Frieden stiften;
denn sie werden Söhne Gottes genannt werden.

Selig, die um der Gerechtigkeit willen verfolgt werden;
denn ihnen gehört das Himmelreich.

Selig seid ihr, wenn ihr um meinetwillen beschimpft und verfolgt und auf alle mögliche
Weise verleumdet werdet.

Freut euch und jubelt: Euer Lohn im Himmel wird groß sein. Denn so wurden schon
vor euch die Propheten verfolgt.

Gleichnis-Remake

Ziel / Leitidee	Schüler erkennen die Aktualität von biblischen Geschichten, indem sie diese in die heutige Zeit versetzen
Klassenstufe	9 / 10
Vorbereitung / Material	Arbeitsblatt
Sozialform	Einzelarbeit / gesamte Klasse
Kompetenzbereich	Schreiben / Spielen

Hinführung

- Lesen Sie den Schülern folgende Geschichte vor:

> *Ein junger Deutscher wird auf der Straße zusammengeschlagen. Die Täter lassen ihn verletzt liegen und machen sich davon. Da taucht ein Jugendlicher auf, er sieht den Verletzten, geht aber weiter, ohne ihm zu helfen. Da spaziert ein Politiker die Straße herunter. Auch er sieht den Verletzten, unternimmt aber nichts. Nach einiger Zeit taucht ein junger Rumäne auf. Er ist erst seit ein paar Tagen in Deutschland. Er sieht den Verletzten und kümmert sich sofort um ihn ...*

- Woran erinnert die Schüler die Geschichte? (Wenn sie es nicht herausfinden, erwähnen Sie, dass es sich um die biblische Geschichte „Das Gleichnis vom Barmherzigen Samariter" handelt.)

> **Tipp** Halten Sie an der Tafel stichwortartig fest, was ein Gleichnis ist: Jesus erzählte die Gleichnisse, um den Zuhörern seine Botschaft verständlich und einprägsam vermitteln zu können.

Hauptphase

- Die Schüler bekommen das Arbeitsblatt. Sie **lesen** die beiden Gleichnisse durch.
- Kurzes **Unterrichtsgespräch:**

> *Was ist die Botschaft der beiden Gleichnisse?*

- Die Schüler entscheiden sich für eines der beiden Gleichnisse und verfassen eine **neue Version:**

> *Wie würde Jesus das Gleichnis in der heutigen Zeit erzählen?*

Alternative

- Die Schüler schreiben die neue Version in Form eines Drehbuchs auf.

Ergebnissicherung

- Schreiben Sie alle Personen, Orte usw., die in den beiden Gleichnissen vorkommen, an die Tafel:

> *Weinberg – Weinbergsbesitzer*
> *Tagesarbeiter – Halbtagesarbeiter*
> *Stundenarbeiter – …*

- Die Schüler kommen nach vorne und **schreiben an die Tafel,** welche modernen Pendants sie zu den verschiedenen Personen, Orten usw. gefunden haben.

Alternative

- Es können auch folgende Gleichnisse thematisiert werden:

> *Vom bittenden Freund (Lukas 11,5–13)*
> *Schatz im Acker (Matthäus 13,44)*
> *Von den anvertrauten Talenten (Lukas 19,12–27)*
> *Kamel und Nadelöhr (Matthäus 19,23 ff.)*
> *Vom Haus auf Fels und Sand gebaut (Matthäus 7,24–27)*
> *Von den Ehrenplätzen bei der Hochzeit (Lukas 14,7–14)*

Mögliche Anschlussaktivitäten
- **Unterrichtsgespräch:**

> *Warum sind die Aussagen der biblischen Gleichnisse auch in der heutigen Zeit aktuell?*

Biblische Gleichnisse 1

Das Gleichnis von den Arbeitern im Weinberg

Ein Weinbergsbesitzer gab frühmorgens einigen Arbeiter den Auftrag, den ganzen Tag in seinem Weinberg zu arbeiten. Dafür versprach er ihnen einen Lohn von einem Denar. Drei Stunden später entdeckte er weitere Arbeitskräfte und gab auch ihnen den Auftrag, auf dem Weinberg zu arbeiten. Auch sechs, neun und elf Stunden später heuerte er weitere Angestellte an und schickte sie zur Arbeit in den Weinberg.

Als es Abend geworden war, sprach der Herr des Weinbergs zu seinem Verwalter: Rufe die Arbeiter und zahle [ihnen] den Lohn, anfangend von den letzten bis zu den ersten. Und als die um die elfte Stunde Gedungenen kamen, empfingen sie je einen Denar. Als aber die ersten kamen, meinten sie, dass sie mehr empfangen würden; und auch sie empfingen je einen Denar. Da murrten sie und sprachen: Diese letzten haben eine Stunde gearbeitet, und du hast sie uns gleich gemacht, die wir die Last des Tages und die Hitze getragen haben. Er aber antwortete und sprach zu einem von ihnen: Freund, ich tue dir nicht unrecht. Bist du nicht um einen Denar mit mir übereingekommen? Nimm das Deine und gehe hin. Ich will aber diesem letzten geben wie auch dir.

(Matthäus 20,1–15)

Biblische Gleichnisse 2

Das Gleichnis vom verlorenen Sohn

Ein Mann hatte zwei Söhne. Der jüngere von ihnen sagte zu seinem Vater: Vater, gib mir das Erbteil, das mir zusteht. Da teilte der Vater das Vermögen auf. Der jüngere Sohn zog in ein fernes Land. Dort führte er ein zügelloses Leben und verschleuderte sein Vermögen. Als er alles durchgebracht hatte, kam eine große Hungersnot über das Land und es ging ihm sehr schlecht. Da ging er zu einem Bürger des Landes und drängte sich ihm auf; der schickte ihn aufs Feld zum Schweinehüten. (…) Da ging er in sich und sagte: Wie viele Tagelöhner meines Vaters haben mehr als genug zu essen und ich komme hier vor Hunger um. Ich will aufbrechen und zu meinem Vater gehen und zu ihm sagen: Vater, ich habe mich gegen den Himmel und gegen dich versündigt. Ich bin nicht mehr wert, dein Sohn zu sein; mach mich zu einem deiner Tagelöhner. Dann brach er auf und ging zu seinem Vater. Der Vater sah ihn schon von weitem kommen und er hatte Mitleid mit ihm. Er lief dem Sohn entgegen, fiel ihm um den Hals und küsste ihn. Da sagte der Sohn: Vater, ich habe mich gegen den Himmel und gegen dich versündigt; ich bin nicht mehr wert, dein Sohn zu sein. Der Vater aber sagte zu seinen Knechten: Holt schnell das beste Gewand und zieht es ihm an, steckt ihm einen Ring an die Hand und zieht ihm Schuhe an. Bringt das Mastkalb her und schlachtet es; wir wollen essen und fröhlich sein. Denn mein Sohn war tot und lebt wieder; er war verloren und ist wiedergefunden worden. Und sie begannen, ein fröhliches Fest zu feiern.

(Lukas 15,11–32)

Zukunft der Klöster

Ziel / Leitidee	Schüler setzen sich auf kreative Weise mit der aktuellen Herausforderung von Klosterschließungen auseinander und reflektieren dabei die Bedeutung der Klöster
Klassenstufe	9 / 10
Vorbereitung / Material	Papierstreifen (oder Post-its) / Plakat
Sozialform	Einzelarbeit / gesamte Klasse
Kompetenzbereich	Lesen

Hinführung

- In der Kreismitte liegt ein **großer Papierstreifen,** auf dem das Wort **„Kloster"** zu lesen ist.

- Jeder Schüler erhält **zwei bis drei kleine Papierstreifen** oder Post-its. Jeder schreibt auf je einen Papierstreifen, was ihm zum Wort „Kloster" einfällt.
- Nun liest jeder seine Gedanken vor und legt die Papierstreifen in die Mitte. (Ähnliche oder thematisch ergänzende Post-its werden dabei nebeneinander gelegt, so dass am Schluss verschiedene **„Themenkreise"** zu sehen sind). Fragen Sie nach und verlangen Sie eine Erklärung, wenn der Begriff nicht für sich spricht. Ergänzen Sie anschließend, wenn nötig, folgende Stichpunkte:

> *große Häuser*
> *viele Zimmer*
> *meistens abgelegen*
> *mit Park oder Grünfläche*
> *alte Gebäude*
> *mit eigener Kirche / Kapelle*
> *spirituelle Zentren*
> *einfach bzw. bescheiden eingerichtet*
> *manchmal mit eigenen Gemüse- oder Kräutergarten*
> *oft mit Internatsschule kombiniert*
> *...*

- Wegen Nachwuchsmangel müssen immer mehr Klöster geschlossen oder alternativ genutzt werden. Welche Nutzungsarten sind denkbar?

Hauptphase

- Die Schüler formulieren in einem „stillen Gespräch" alternative Nutzungsideen auf einem großen Plakat. Beteiligen Sie sich, indem Sie schriftlich Ideen kommentieren, in Frage stellen, um Präzisierungen bitten usw.

- Die Schüler erhalten das Arbeitsblatt und lesen es.

Ergebnissicherung

- Welche Ideen der Schüler fehlen auf dem Arbeitsblatt? Die Schüler argumentieren, ob diese wirklich sinnvoll sind.

Mögliche Anschlussaktivitäten

- Unterrichtsgespräch:

  Was ist bei einer Klosterumnutzung zu beachten?

  (u.a. Kosten, Wünsche der Ordensgemeinschaft, der das Kloster gehört, Baugesetze usw.)

Alternative Nutzungsarten für Klöster

- Alterswohnungen

- Betreutes Wohnen

- Wohnhaus für Suchtkranke oder Menschen mit psychischen Erkrankungen

- Pflegeheim

- Verkauf an andere religiöse Gemeinschaften

- Seminar- und Tagungshaus

- Hotel

- Bürogebäude

- Räume für die Pfarrei / Kirchgemeinde

- Pilgerherberge (z. B. für Menschen auf dem Jakobsweg oder auf einer anderen Wallfahrt)

- Wellnesshotel

Regeln der Zivilcourage

Ziel / Leitidee	Schüler lernen, worauf bei Zivilcourage zu achten ist
Klassenstufe	9 / 10
Vorbereitung / Material	Plakate
Sozialform	Gruppenarbeit
Kompetenzbereich	Ideen finden / Brainstorming in der Gruppe

Hinführung

- Die Schüler werden mündlich mit verschiedenen **Alltagssituationen** konfrontiert. Zu zweit überlegen sie, wie man den Betroffenen in der jeweiligen Situation am besten helfen kann:

> 1) *Im Bus wird ein Mädchen von jungen Erwachsenen angepöbelt. Du beobachtest die Szene und ...*
> 2) *Auf dem Sportplatz wird ein Fußballspieler während des Spiels von einem Zuschauer wegen seiner Hautfarbe beleidigt. Die anderen bekommen es mit und ...*
> 3) *Die Medien berichten, dass eine Firma ihre Angestellten unfair behandelt und sie zu Hungerlöhnen arbeiten lassen.*

Hauptphase

- Die Schüler überlegen sich in Kleingruppen „Do's" und „Dont's" bei Zivilcourage. Ihre Ideen halten sie auf einem Plakat in zwei Kolonnen fest.

Ergebnissicherung

- Jede Gruppe präsentiert ihre Ergebnisse.

Alternative

- Verteilen Sie das Blatt „Regeln für Zivilcourage". Die Schüler lesen das Blatt durch und ergänzen, wenn nötig, fehlende Do's und Dont's auf ihrem Plakat.

Mögliche Anschlussaktivitäten

- Die Schüler bilden 3er-Teams und inszenieren eine Konfliktsituation. Sie zeigen, wie hier am sinnvollsten Zivilcourage geleistet werden kann.

Name: Klasse: Datum:

„Do's" und „Dont's" bei Zivilcourage

Do's	Dont's

Regeln der Zivilcourage

1. Sich nicht selber in Gefahr bringen. Einen kühlen Kopf bewahren und Situation klar einzuschätzen. Erst danach etwas unternehmen! Sich nicht vom Täter provozieren lassen und auf keinen Fall den Täter provozieren. Um Abstand zu wahren, den Täter immer siezen. Dringendste Aufgabe: das Opfer aus der Situation befreien.

2. Andere Zeugen gezielt ansprechen und sie laut zum Helfen auffordern. Wichtig: Direkt ansprechen, also: „Sie, die Frau mit der gelben Jacke, helfen Sie mir bitte!" Viele Menschen reagieren erst, wenn sie aufgefordert werden.

3. Polizei informieren bzw. Notrufnummer wählen. Der Polizei genau schildern, was passiert ist („Wer?", „Was?", „Wo?", „Wann?").

4. Die Situation genau beobachten. Aussehen der Täter gut einprägen (Haarfarbe, wie groß sind sie, Kleidung? Wie und wohin sind sie geflüchtet? usw.). Oft reichen schon Details aus, um ein Verbrechen aufzuklären.

5. Um das Opfer kümmern – dieses hat Vorrang! Zum Beispiel verletzte Personen in eine stabile Seitenlage bringen. Die Rettung alarmieren und warten, bis Krankenwagen oder Notarzt eintrifft, um ihnen zu zeigen, wo sich das Opfer befindet. Dadurch können die Rettungsleute dem Opfer schneller helfen.

6. Sich als Zeuge bei der Polizei melden und den Tathergang genau beschreiben. Oft ist nur so eine Überführung und Bestrafung des Täters möglich.

43 Kraftort Kirche

Ziel / Leitidee	Schüler setzen sich mit den Besonderheiten der Kirchengebäude und deren Wirkung auseinander
Klassenstufe	9 / 10
Vorbereitung / Material	Folie / Plakate
Sozialform	Partnerarbeit / gesamte Klasse
Kompetenzbereich	Diskutieren / Präsentieren

Hinführung
- Die Folie mit dem Bild „Kirche" wird **an die Wand projiziert.** Alternativ kann auch ein Bild aus dem Internet gezeigt werden.
- Die Schüler lassen das Bild einige Augenblicke auf sich wirken. Dann äußern sie ihre Eindrücke.

Hauptphase
- Die Schüler bilden **Kleingruppen** (ca. vier Personen) und überlegen bzw. diskutieren folgende Fragen. Dabei erhalten die Schüler nach jeder Frage fünf bis sieben Minuten Gesprächszeit.

Beispielfragen

Welche Charakteristika sind für eine Kirche typisch? (Lösung: Höhe, Stille usw.)
Warum sind Kirchen (Gebäude) für viele Menschen ein Kraftort?
Welche anderen Kraftorte gibt es noch?
Was sind ihre Gemeinsamkeiten?
Was ihre Unterschiede?

- Die Schüler halten die Ergebnisse stichwortartig auf einem Plakat fest.

Präsentation
- Jede Gruppe bestimmt einen Vertreter, der die Ergebnisse präsentiert.

Mögliche Anschlussaktivitäten
- Die Schüler **besuchen** eine Kirche und lassen den Raum auf sich wirken. Das Arbeitsblatt Beobachtungsbogen kann ihnen eine Hilfe sein. Anschließend findet ein Austausch über Beobachtungen, Erfahrungen usw. statt.

Kraftort Kirche – Beobachtungsbogen

Fragen	Antworten
Wo bin ich? Was weiß ich über diesen Ort (Alter, Lage usw.)?	
Was kann man hier machen?	
Welche Regeln gelten hier?	
Was sehe ich?	
Was höre ich?	
Was rieche ich?	
Was überrascht mich?	
Was verwirrt, was irritiert mich?	
Was gefällt mir?	
An welchem Flecken fühle ich mich am wohlsten?	

Die sieben Todsünden

Ziel / Leitidee	Die sieben Todsünden faszinieren Menschen, bis heute setzen sich zahlreiche Filme, Bilder und Songs mit ihnen auseinander; Schüler erfahren die Hintergründe der Todsünden sowie deren moderne Interpretation und die Bedeutung für ihren Alltag
Klassenstufe	9 / 10
Vorbereitung / Material	Arbeitsblatt / Internet
Sozialform	Einzelarbeit
Kompetenzbereich	Lesen / Recherchieren

Hinführung

- Auf der Tafel stehen die **Zahlen 1–7.** Die Schüler bekommen fünf Minuten Zeit, im Zweierteam die sieben Todsünden zu benennen.

> 1
> 2
> 3
> 4
> 5
> 6
> 7

- Die Schüler nennen ihre Ergebnisse. Ergänzen Sie die restlichen:

> 1 Neid
> 2 Habgier
> 3 Völlerei
> 4 Stolz, Hochmut
> 5 Wollust
> 6 Zorn
> 7 Faulheit, Trägheit

Alternative

- Zum Einstieg werden aktuelle Bilder gezeigt, die Situationen der Todsünde in unserem Alltag darstellen (z. B. jemand mit mehreren Luxusautos in der Garage). Die Schüler raten, welche Todsünde auf welchem Bild dargestellt wird.

Hauptphase

- Die Schüler erhalten das Arbeitsblatt und **lesen** den Text.
- Die Schüler recherchieren im **Internet:** Sie suchen auf Newsseiten für jede Todsünde eine aktuelle Medienmeldung.

Tipp Sie können die Homepage Ihrer eigenen Regionalzeitung empfehlen sowie die der überregionalen Zeitungen www.zeit.de, www.faz.net, www.sueddeutsche.de, www.spiegel.de, www.wiwo.de.

Alternative

- Die Schüler überlegen sich für jede Todsünde ein aktuelles Beispiel und schreiben es aufs Arbeitsblatt.

Anschlussaktivität

- Unterrichtsgespräch:

Warum sind die Todsünden hochaktuell?
Warum wird das Thema in Kunst und Kultur so oft thematisiert?
Warum macht schon allein der Begriff „Todsünden" hellhörig?
Warum reagieren viele Menschen auf den Begriff „Sünde" empfindlich?
In welchem Zusammenhang wird heute meistens über Sünde gesprochen?

- Im Anschluss an diese Stunde könnte das Thema Beichte/Vergebung thematisiert werden.

Die sieben Todsünden

Heute begegnet einem der Begriff Todsünde ab und zu in der Werbung, aber sonst ist er heute kaum noch in Verwendung. Die Idee der Todsünden stammt aus dem 4. oder 5. Jahrhundert. Ein ägyptischer Mönch, der in der Wüste lebte, stellte damals eine Liste mit den Todsünden zusammen. Doch erst im 6. Jahrhundert erreichte diese Idee größere Bekanntheit: Papst Gregor I. (ca. 540–604) bezeichnete mit den Todsünden „schlechte Charaktereigenschaften", die schädlich für die Beziehung zwischen Mensch und Gott sowie die zwischenmenschlichen Beziehungen sind. Durch eine Todsünde macht er sozusagen diese Beziehung kaputt oder – krasser ausgedrückt – er „tötet" diese Beziehungen.

Weil die Zahl Sieben in der Bibel und in der Kirche eine wichtige Symbolik hat, gibt es sieben Todsünden. Wie die Bibel berichtet, wurde die Welt in sieben Tagen erschaffen. Sieben steht für Vollkommenheit. Auch die Liste der sieben Todsünden ist „vollkommen" und „komplett", denn darin sind alle grundlegenden negativen Charakterzüge des Menschen zusammengefasst.

Ursprünglich wurde die Warnung vor den Todsünden vor allem in Klöstern bekannt. Nonnen und Mönche sind darauf angewiesen, gut miteinander auszukommen, denn sie leben auf engem Raum zusammen. Einige Jahrhunderte später erzählten die Priester in ihren Predigten von den Todsünden und damit erfuhren alle davon. Doch dann nahm die Interpretation krasse Dimensionen an: Mit den Todsünden wurde gedroht und Angst und Schrecken verbreitet. Irgendwann waren viele überzeugt: Wer eine Todsünde begeht, wird nach dem Tod von Gott verdammt und in die Hölle geschickt.

Heute hat man wieder zu einer vernünftigen Interpretation der Todsünden zurückgefunden. So verstehen viele Theologen die Todsünde heute folgendermaßen: Durch die Sünde macht sich jeder selber das Leben zur Hölle – und das nicht erst nach dem Tod, sondern bereits in der Gegenwart. Nicht Gott bestraft, wenn man sündigt oder eine Todsünde begeht, jeder straft sich selber und macht sich unglücklich. In den Medien lassen sich immer wieder Beispiele beobachten: Gierige Menschen aus der Wirtschaft, die nie genug kriegen können und daran zugrunde gehen; arrogante Menschen, die vor lauter Selbstüberschätzung jeden Rat in den Wind schlagen und sich in große Probleme hineinmanövrieren, oder Katastrophen und ungerechte Situationen, die sich ereignen, weil alle Mitmenschen zu faul und bequem waren, etwas dagegen zu unternehmen.

City-Guide Jerusalem

Ziel / Leitidee	Schüler lernen den Alltag in der Stadt Jerusalem von heute kennen und erfahren, dass Judentum, Christentum und Islam bis heute Spuren hinterlassen haben
Klassenstufe	9 / 10
Vorbereitung / Material	Arbeitsblatt / Internet
Sozialform	Einzelarbeit
Kompetenzbereich	Lesen / Recherchieren

Hinführung
- Auf der Tafel steht der Begriff Jerusalem. Die Schüler äußern spontan, was ihnen dazu in den Sinn kommt.

> **Hinweis** Machen Sie die Schüler zu Beginn darauf aufmerksam, dass die Stadt Jerusalem sowohl im Judentum und im Christentum als auch im Islam eine wichtige Rolle spielt.

Hauptphase
- Die Schüler erhalten das Arbeitsblatt und lesen den Text.
- Die Schüler verfassen mit den Informationen aus dem Text einen Text, der Werbung für Urlaub in Jerusalem macht (Achtung: Die Schüler sollen bei der Wahrheit bleiben und keine falschen Versprechungen machen!). Die Schüler können zusätzliche Informationen im Internet recherchieren.

> **Tipp** Machen Sie mit den Schülern ein Brainstorming, welche Themen in Reiseprospekten bzw. Hotelkatalogen vorkommen, und schreiben Sie diese an die Tafel: Wetter, Bademöglichkeiten, Shoppingmöglichkeiten, Sicherheit, Sprache, Essen

Ergebnissicherung
- Die Schüler stellen ihre Ergebnisse vor.

Anschlussaktivität
- Unterrichtsgespräch, die Schüler argumentieren:

> *Warum ist Jerusalem eine Reise Wert?*

Jerusalem

„Das Wahrzeichen der Stadt Jerusalem ist der Löwe. Im Hintergrund erkennt Ihr die Al Aksa Moschee auf dem Tempelberg und dahinter den Ölberg. Halb Israel befindet sich im Urlaub und falls nicht, muss man sich zwangsläufig nach Feierabend mit den Kindern beschäftigen, die da Schulferien haben. Die Kids wollen etwas unternehmen und allein das kostet Geld. Ob Kino, Kaytana (Feriencamp) oder Kurztrips, hierzulande ist bekanntlich alles teuer. Die Hitze von 30 Grad Celsius und mehr bleibt uns eh noch bis Oktober erhalten und so feiert die Sonnencreme-Industrie ihre saisonale Hochkonjunktur. Eis geht weg wie warme Semmeln, aber auch das ist nicht billig. (…)

In der letzten Woche durchquere ich das jüdische Altstadtviertel etwas ausführlicher. Normalerweise rennt man da so ziemlich durch und übersieht viele Sehenswürdigkeiten und Ausgrabungen. Touristen rennen hinunter zur Kotel (Klagemauer), und wenn es hochkommt, trinken sie irgendwo unterwegs schnell einen Kaffee. Dann geht's auch schon wieder weiter.

Obwohl ich vor einigen Jahren bereits einmal da war, schaute ich mir das Old Yishuv Museum sowie das Museum der Ersten Tempelperiode nochmals an. In Letzterem war ich allein mit dem Guide, denn es ist relativ schwer zu finden. Eigentlich auch wieder nicht, denn das kleine Museum befindet sich direkt neben der größeren Ausgrabung der Altstadtmauer aus der Ersten Tempelperiode. (…)

Immer dann, wenn ich diese Woche Zeit habe, gehe ich wieder in die Altstadt und schaue weitere Sehenswürdigkeiten an. (…) Übrigens, teuer ist weder das Old Yishuv Museum noch das Museum der Ersten Tempelperiode: Beide kosten nur 18 Schekel (ca. 4 Euro) Eintritt. Wer, wie ich, die Yerushalmi Einwohnerkarte besitzt, zahlt im Old Yishuv Museum nur 14 Schekel Eintritt. Etwas teurer ist die City of King David, wo mich eine Tour 60 Schekel (ca. 14 Euro) kostete. Aber dafür dauerte die Tour auch fast drei Stunden inklusive einem Film. Trotz des Preises kann ich die dortigen Touren nur wärmstens empfehlen, doch solltet Ihr fit auf den Beinen sein, denn es geht durch unterirdische Tunnel. Wer will, der kann durch den Wassertunnel des König Chizkiyahu (aus der Ersten Tempelperiode) laufen. Bringt dazu aber eine Taschenlampe mit oder fragt an der Kasse, ob die so was ausleihen!"

MIRIAM WOELKE: Sommer in der Jerusalemer Altstadt, zitiert nach
http://lebeninjerusalem.wordpress.com/?s=wahrzeichen&submit= (4. August 2013)

Ideen zur Gruppen- und Partnereinteilung

Viele der Vertretungsstunden in diesem Buch basieren auf kooperativem und partner-schaftlichem Lernen. Die folgenden Ideen helfen, Gruppen oder Paare auf zufällige Weise zusammenzustellen. So werden häufig fest bestehende gruppendynamische Strukturen innerhalb einer Klasse gelockert und neuzusammengesetzt.

Puzzle-Verfahren	
Material	ein Bild oder Postkarte pro Gruppe
Anleitung	Bilder oder Postkarten in so viele Teile zerschneiden, wie Gruppenmitglieder benötigt werden. Jeder Schüler erhält ein Teil. Nun suchen die Schüler die Puzzleteile, die zu ihnen passen.

Geburtstagspaare	
Material	–
Anleitung	Die Schüler gehen herum. Es bilden immer jene zwei Schüler eine Gruppe, deren Geburtstage am dichtesten beieinanderliegen.

Bibelpaare	
Material	Karten mit Bibelnamen
Anleitung	Jeder Schüler erhält eine Karte mit einem Namen aus der Bibel. Nun sucht jeder seinen „Partner" (Maria und Josef, Sarah und Jakob, Adam und Eva, Abraham und Sara, Jakob und Rachel)

Kirchenfeste	
Material	Karten mit Kirchenfesten
Anleitung	Die eine Hälfte der Schüler erhält eine Karte mit einem Kirchenfest, die an-dere eine Karte mit einem Brauch oder einer Tradition (z. B. Ostern und Os-terfeuer; Erntedank und ein Altar aus Gemüse/Früchten; Sankt Martin und Laternenumzug; Advent und Adventskranz; Weihnachten und Krippe), die zu einem Kirchenfest passt. Nun sucht jeder seinen Partner.

Die gleiche Farbe

Material	Gummibärchen, Schokolinsen, Spielfiguren oder Knöpfe
Anleitung	Die Gummibärchen oder anderen Figuren werden verteilt. Alle Schüler mit der gleichen Farbe bilden eine Gruppe.

Abzählen

Material	–
Anleitung	Zählen Sie die Klasse ab (z. B. alle geraden und alle ungeraden Zahlen bilden eine Gruppe).

Post-it

Material	Post-its
Anleitung	Kleben Sie Post-its unter die Stühle, bevor die Schüler das Zimmer betreten. Wenn die Schüler Platz genommen haben, machen Sie sie auf die Post-its aufmerksam. Alle Schüler mit der gleichen Post-it-Farbe bilden eine Gruppe oder immer die beiden Schüler, die die gleichen Begriffe oder Zahlen haben, bilden ein Paar.

Lieder summen

Material	Karten mit Liedertiteln (z. B. *Happy Birthday*)
Anleitung	Geben Sie ein Zeichen. Alle summen „ihr" Lied und machen sich auf die Suche nach der Person, die das gleiche Lied summt.

Planungshilfe: Bereits eingesetzte Stunden

Es empfiehlt sich, zu notieren, in welcher Klasse welche Stunden gehalten wurden. So verhindert man, dass man in einer Klasse aus Versehen eine Stunde zum zweiten Mal hält.

Tipp Füllen Sie die Tabelle mit Bleistift aus. So können Sie die Tabelle – nachdem Sie die bisherigen Einträge wegradiert haben – im nächsten Schuljahr nochmals verwenden.

Klasse	Stunde (Nr.)	Datum